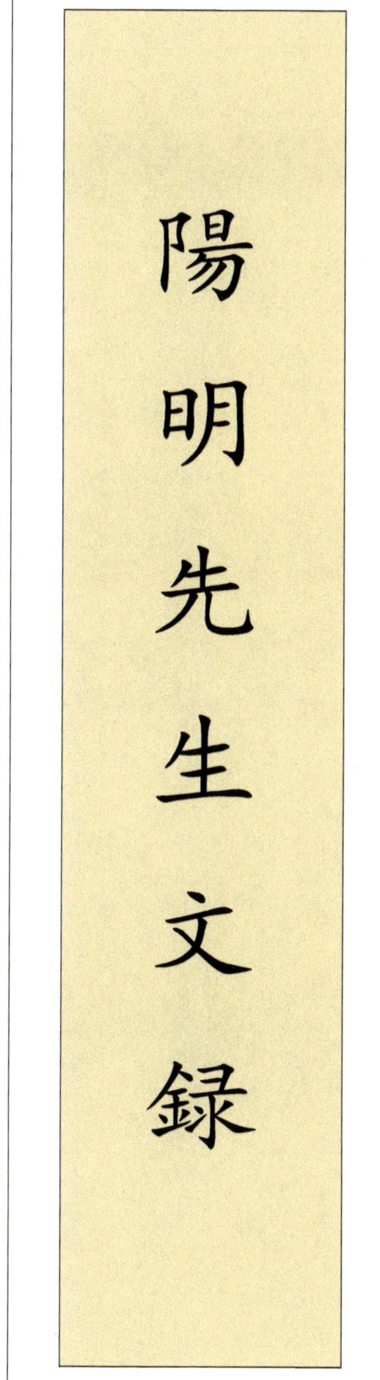

陽明先生文録

〔明〕王守仁 著

〔明〕嘉靖二十六年刊

鎮江

陽明先生文録卷十四

江西詩一百二十首

正德己卯年奉勑往福建處叛軍至豐城遭宸濠之變趨還吉安集兵平之八月陞副都御史巡撫江西作

鄱陽戰捷

甲馬秋驚鼓角風旌旗曉拂陣雲紅勤王敢在汾淮後戀闕真隨江漢東群醜漫勞同吠犬　九重端合是飛龍消埃未遂酬滄海病嬾先須伴赤松

書草萍驛

九月獻俘北上駐草萍時已暮忽傳王師已及徐淮遂乗夜速發次壁間韻紀之二首

一戰功成未足奇親征消息尚堪危邊烽西北方傳警民力東南巳盡疲萬里秋風嘶甲馬千山斜日度旌旗小臣何爾驅馳急欲請回鑾罷六師

千里風塵一劍當萬山秋色送歸航堂垂雙白虛頻䟽門巳三過有底忙羽檄西來秋黷黷關河北望夜蒼蒼自嗟力盡螳蜋臂此日回天在廟堂

西湖

靈鷲高林暑氣清竺天石壁雨痕晴客來湖上逢雲起僧住峰頭話月明世路久知難直道此身那得尚虛名移家早定孤山計種菓支茅却易成

寄江西諸士夫

甲馬驅馳已四年秋風歸路更茫然慚無國手醫民病空有官銜縻俸錢湖海風塵雖暫息江湘水旱尚相沿題詩忽憶并州句回首江西亦故園

太息

一日復一日中夜坐嘆息庭中有嘉樹落葉何淅歷蒙翳亂藤纏寧知絕根脉丈夫貴剛腸光陰勿虛擲頭白眼昏昏吁嗟亦何及

宿淨寺四首 十月至杭王師遣人追寧濠復還江西是日遂謝病退居西湖作

老屋深松覆古藤鸖棲猶記昔年曾棋聲竹裏消閒晝藥裹牕前對病僧烟艇避人長曉出高峰望遠亦時登而今更是多牽繫欲似當時又不能

常苦人間不盡愁每拚須是入山休若爲此夜山中宿猶自中宵煎百憂百戰西江方底定六飛南甸尚淹留何人眞有回天力諸老能無取日謀

百戰歸來一病身可堪時事更愁人道人莫問行藏計已買桃花洞裏春

歸興

山僧對我笑長見說歸山如何十年別依舊不曾閒

一絲無補　聖明朝兩鬓徒看長二毛自識淮陰非國士由來康節是人豪時方多難容安枕事已無能欲善刀越水東頭尋舊隱白雲茅屋數峯高

即事謾述四首

從來野性只山林翠壁丹梯處處尋一自浮名縈世網遂令真訣負初心夜馳險寇天峰雪秋虜强王漢水陰辛苦半生成底事始憐莊舄亦哀吟

百戰深秋始罷兵六師冬盡尚南征誠微未足回天意性僻還多拂世情烟水滄江從鶴好風雲滇海任龍爭他年若訪陶元亮五柳新居在赤城

窅窅深愁伴客居，江船風雨夜燈虛。尚勞　車駕臣多缺，無補瘡痍術已踈。親老豈堪還遠別，時危那得又無書。明朝且就君平卜，要使吾心不負初。

茅茨松菊別多年，底事寒江尚客船。強所不能儒作將，付之無奈數由天。徒聞諸葛能興漢，未必田单解誤燕。最羨漁翁閒事業，一竿明月一簑煙。

泊金山寺二首 十月將趨行上

但過金山便一登，鳴鐘出迓每勞僧。雲濤石壁深龍窗，風雨樓臺迥佛燈。難後詩懷全欲減，酒邊孤興尚堪憑。巖梯未用妨苔滑，曾踏天峯雪棧氷。

醉入江風酒易醒片帆西去雨冥冥天迴江漢留孤柱地缺東南着此亭沙渚亂更新世態峰巒不改舊時青舟人指點龍王廟欲話前朝不忍聽

舟夜

隨處看山一葉舟夜深霜月亦兼愁翠華此際遊何地畫角中宵起戍樓甲馬尚屯淮海北旌旗初散楚江頭洪濤袞袞乘風勢容易開帆不易收

舟中至日

歲寒休嘆滯江濱漸喜陽回大地春未有一絲添袞繡謾提三尺淨風塵丹心倍覺年來苦白髮從教鏡

裹新若待完名始歸隱桃花笑殺武陵人

阻風

冬江盡說風長北偏我北來風便南未必天公眞有意却逢人事偶相叅殘農得暖堪登穫破屋多寒且曝簷果使困窮能稍濟不妨經月阻江潭

用韻答伍汝眞

莫怪愁隨日夜深干戈衰病兩相侵孤腸自信終如鐵衆口從教盡鑠金碧水丹山曾舊約青天白日是知心茅茨歲晩饒風景雲滿清溪雪滿岑

過鞋山戲題

曾駕雙虬渡海東青鞋失脚墮天風經過已是千年後蹤跡依然一夢中屈子漫勞傷世隘楊朱空自泣途窮正須坐我匡廬頂濯足寒濤步曉空

楊邃菴待隱園次韻五首

嘉園名待隱專待主人歸此日眞歸隱名園竟不違巖花如共語山石故相依朝市都忘却無勞更掩扉

其二

大隱眞廛市名園陋給孤留侯先謝病范老竟歸湖種竹非醫俗移山不是愚是日公方移山石對時存燮理經濟自成謨

其三

綠野春深地，山陰夜靜時。氷霜緣逕滑，雲石向人危。
平難心仍在，扶顛力未衰。江湖兵甲滿，吟罷有餘思。

其四

玆園闢已久，今度始來窺。市裏煙霞靜，壺中結搆奇。
勝遊須繼日，虛席亦多時。莫道東山僻，蒼生或未知。

其五

芳園待公隱，屯世待公亨。花竹深臺榭，風塵暗甲兵。
一身良得計，四海未忘情。語及艱難際，停杯淚欲傾。

登小孤書壁

人言小孤殊阻絶從來可望不可攀上有顛崖勢欲墮下有劒石交巉頑峽風閃壁船難進洪濤怒撞蛟龍闢帆檣摧縮不敢越往往退次依前山崖傍沙岸日東徙忽成巨浸通西灣帝心似憫舟楫苦神斧夜闢無痕斑風雷倏翕見萬性人謀不得容其間我來銳意欲一往小舟微服沿回瀾側身脇息仰天竇懸空絶棧蛛絲慳風吹卯酒眼花落凍骨丹梯足力孱青鼉吹雨出仍没白鳥避客來復還峰頭四顧盡落日宛然風景如瀛寰煙霞未覺三山遠塵土聊乘半日閒奇觀江海詎爲險世情平地猶多艱嗚呼世情

平地猶多艱回瞻　北極雙淚潸

登蟂矶次草泉心劉石門韻二首

中流片石倚孤雄下有馮夷百尺宮灎澦西蟠渾失地長江東去正無窮徒聞吳女埋香玉惟見沙鷗亂雪風往事凄徹何足問永安宮闕草萊中

江上孤臣一片心幾經漂没水痕深極怜撑住即從古正恐崩頽或自今觧鏈秋螺殘老翠蟂鳴春雨落空音好携雙鶴矶頭坐明月中宵一朗吟

望廬山

盡読廬山若箇奇當時圖畫亦堪疑九江風浪非前

日五老烟雲豈定期眼慣不妨層壁險足蹞須着短筇隨香爐瀑布微如綫欲决天河瀉上池

除夕伍汝眞用待隱園韻即席次答五首

一年今又去獨客尚無歸人世傷多難親庭嘆久違壯心都欲盡衰病特相依旅館聊隨俗桃符換早扉

其二

向憶青年日追歡興不孤風塵淹歲月漂泊向江湖濟世渾無術違時竟笑愚未須悲蹇難　列聖有遺謨

其三

正逢兵亂地況是歲窮時天運終無息人心本自危憂疑方幷集筋力頓成衰千載商山隱悠然獲我思

其四

世道從危漏人情只管窺年華多涉歷變故益新奇莫憚顛危地曾逢全盛時海翁機已息應是白鷗飛

其五

星窮回曆紀貞極起元亨日望　天迴駕先沾雨洗兵雪猶殘歲戀風已舊春情莫更辭藍尾人生未幾傾

元日霧

元日昏昏霧塞空出門咫尺誤西東人多失足投坑
塹我亦停車泣路窮欲斬蚩尤開白日還排閶闔拜
重瞳小臣漫有澄清志安得扶搖萬里風

二日雨

昨朝陰霧埋元日向曉寒雲迸雨聲莫道人爲無感
召從來天意亦分明安危他日須周勃痛哭當年笑
賈生坐對殘燈愁徹夜靜聽晨鼓報新晴

三日風

一霧二雨三日風田家卜歲疑凶豐我心惟願兵甲
解天意豈必斯民窮虎旅歸思懷舊土鑾輿消息

望還宮春盤濁酒聊自慰無使戚戚干吾衷

立春二首

才見春歸春又來春風如舊鬢毛衰梅花未放天機泄萱草先將地脉回漸老光陰逢世難經年懷抱欲誰開孤雲渺渺親庭遠長日斑衣羨老萊

天涯霜雪嘆春遲春到天涯思轉悲破屋多時空杼軸東風無力起瘡痍周王車駕窮南服漢將旌旗守北陲莫訝春盤斷生菜人間菜色正離仳

遊廬山開元寺

僻性尋常慣受猜看山又是百忙來北風留客非無

意南寺逢僧即未回白日高峯開雨雪青天飛瀑瀉
雲雷緣溪踏得支茆地修竹長松覆石臺

又次壁間杜牧韻

春山路僻問歸樵爲指前峯石逕遥僧與白雲還暝
壑月隨滄海上寒潮世情老去渾無賴遊興年來獨
未消回首孤航又陳迹疎鐘隔渚夜迢迢

舟過銅陵埜云縣東小山有鐵船因往觀之果
見其彷彿因題石上

青山滚滚如奔濤鐵船何處來停橈人間刻木寧有
此疑是仙人之所操仙人一去巳千載山頭日日長

風號船頭出土尚彷彿後岡有石云船稍我行過此費忖度昔人用心無乃切由來風波平地惡縱有鐵船還未牢秦鞭驅之未能動鼻力何所施其篙我欲乘之訪蓬島雷師皷舵虹爲纜弱流萬里不勝芥復恐駕此成徒勞世路難行每如此獨立斜陽首重搔

山僧

巖下蕭然老病僧曾求佛法禮南能論詩自許窺三昧入聖無梯出小乘高閣松風飄夜磬石床花雨落寒燈更深月出山牕曙漱齒焚香誦法楞

江上望九華山二首

當年一上化城峯，十日高眺雷雨中。霽色曉開千嶂雪，濤聲夜渡九江風。此時隔水看圖畫，幾歲緣雲住桂叢。却負洞仙蓬海約，玉函丹訣在崆峒。

窮探雖得盡幽奇，山勢須從遠望知。幾朶芙蓉開碧落，九天屏嶂列旌麾。高同華嶽應無忝，名亞匡廬却稍卑。信是謫仙還具眼，九華題後竟難移。

觀九華龍潭

飛流三百丈，濆洞祕靈湫。峽圻開雷斧，天虛下月鉤。化形時試鉢，吐氣或成樓。吾欲鞭龍起，爲霖遍九州。

廬山東林寺次韻

東林日暮更登山峰頂高僧有蘭若雲蘿磴道一石參差水聲深澗樹高下遠公學佛却援儒淵明嗜酒不入社我亦愛山仍戀官同是乾坤避人者我歌白雲聽者寡山自點頭泉自瀉月明壑底忽驚雷夜半天風吹屋瓦

又次邵二泉韻

昨遊開元殊草草今日東林遊始好手持蒼竹撥層雲直上青天招五老萬壑笙竽松籟哀千峯晻映芙蓉開坐俯西巖窺落日風吹孤月江東來莫向人間空白首富貴何如一杯酒種蓮栽菊兩荒涼惠遠陶

潛骨何朽乘風我欲還金庭 三洲弱水連沙汀他年
海上望廬谷烟際浮萍一點青

遠公講經臺

遠公說法有高臺一朵青蓮雲外開臺上久無獅子
吼野狐時復聽經來

太平宫白雲

白雲休道本無心隨我迢迢度遠岑攔路野風吹覺
斷又穿深樹候前林

書九江行臺壁

九華眞實是奇觀更是廬山亦耐看幽勝未窮三日

興風塵已覺兩來難眼餘五老晴光碧衣染天池積翠寒却恠寺僧能好事直來城市索詩刋

又次李僉事素韻

省災行近郊探幽指層巘回飈振玄罔頹陽薄西陲菑田收積雨禾稼泛平菉最徑歷村墟停車問耕牧清溪厲月行瞑洞披雲宿淅米石間溜斧薪澗底木田翁來聚觀中宵尚馳逐將迎愧深情瘡痍慚撫掬幽栖靜無寐風泉朗鳴玉雖繆真訣傳頗苦塵緣熟終當遁名山鍊藥洗凡骨檝辭謝親交流光易超忽

繁昌道中阻風二首

阻風夜泊柳邊亭懶夢還鄉午未醒卧聽從教波浪
堊地深長是水雲寘入林沽酒村童引隔水放歌漁
父聽頗覺看山緣獨在蓬牕剛對一峯青
東風漠漠水澐澐花柳沿村春事殷泊久漁樵來作
市心閑麋鹿漸同群自憐失脚趨塵土長恐歸期負
海雲正憶山中詩酒伴石門延望幾斜曛

江邊阻風散步至靈山寺

歸船不遇打頭風行脚何緣到此中幽谷餘寒春雪
在虚簷斜日暮江空林間古塔無僧住花外仙源有
路通隨處看山隨處樂莫將蹤跡嘆萍蓬

◎

泊舟大同山溪閒諸生聞之有挾冊來尋者

扁舟經月住林隈謝得黃鶯盡日來兼有清泉堪洗耳更多修竹好啣盃諸生涉水攜詩卷童子和雲掃石苔獨柰華峰隔煙霧時勞藥杖上崔嵬

巖下桃花盛開攜酒獨酌

小小山園幾樹桃安排春色候停橈開樽旋掃花陰石展席平臨松頂濤地遠不須防俗駕溪晴還好着漁舠雲閒石路稀人跡深處容無避世豪

白鹿洞獨對亭

五老隔青冥尋常不易見我來騎白鹿凌空陟飛巘

長風捲浮雲，褰帷始窺面。一笑仍舊顏，媿我顏先變。

我來爾爲主，乾坤亦郵傳。海燈照孤月，靜對有餘眷。

彭蠡浮一觴，賓主聊酬勸。悠悠萬古心，默契可無辯。

豐城阻風 前歲遇難於此，得北風幸免

北風休嘆北船窮，此地曾經拜北風。句踐敢忘嘗膽地，齊威長憤射鈎功。橋邊黃石機先授，海上陶朱意頗同。況是倚門衰白甚，歲寒茅屋萬山中。

江上望九華不見

五旬三過九華山，一度陰寒一度雨。此來天色稍晴明，忽復昏霾起亭午。平生山水最多緣，獨此相逢吝有數人言此山天所秘山下居人不常睹蓬萊涉海或可求瑤水崑崙俱舊遊洞庭何止吞八九五嶽曾向囊中收不信開雲掃六合手扶赤日照九州鶱鳳騎氣覽八極視此瑣屑眞浮漚

江施二生與醫官陶埜冒雨登山人多笑之戲作歌

江生施生頗好奇偶逢陶埜奇更痴共言山外有佳寺勸予往遊爭願隨是時雷雨雲霧塞多傳險滑難車騎雨生力陳道非遠埜請登高覘路岐三人冒雨陟岡背既仆復起相牽攜同儕咻笑招之返奮袂徑

往淩嶮崎歸來未暇顧沾濕且說地近山逕夷青林宿靄漸開霽碧巘絳氣浮微曦津津指譬在必往與劇不道傍人嗤予亦對之成大笑不覺老興如童時平生山水已成癖歷深探隱忘飢疲年來世務煩羈縛逢場遇境心未衰埜本求仙志方外兩生學士亦爾爲世人趨逐但聲利赴湯蹈火甘傾危解脫塵羈事行樂爾輩狂簡翻見譏歸與歸與吾與爾陽明之麓終爾期

遊九華道中

微雨山路滑山行入輕舟桃花夾岸迷遠近迴巒疊

嶂盤深幽奇峰應接勞回首瞻之在前忽在後不道舟行轉屈曲但恠青山亦奔走薄午雨霽雲亦開青鞋布襪無塵埃梅蹊柳徑度村落長松白石穿林隈始攀風磴出木杪更俯懸崖聽瀑雷亂山高頂藏平野茆屋高低自成社此中那得有人家恐是當年避秦者西巖日色漸欲下且向前林秣吾馬世途溷濫不可居吾將此地成蘭若

芙蓉閣

九華之山何崔嵬芙蓉直傍青天栽剛風倒海吹不動大雪裂地凍還開夜半峯頭掛明月宛如玉女臨

粧臺我拂滄浪寫圖畫題詩還媿謫仙才

重遊無相寺次韻四首

遊興殊未盡塵寰不可留山青只依舊白盡世間頭

其二

人迹不到地茆茨亦數間借問此何處云是九華山

其三

拔地千峰起芙蓉挿曉寒當年看不足今日復來看

其四

瀑流懸絶壁峯月上寒空鳥鳴蒼磵底僧住白雲中

登蓮花峯

蓮花頂上老僧居脚踏蓮花不染泥夜半華心吐明月一顆懸空黍米珠

重遊無相寺次舊韻

舊識仙源路未差也從谷口問桃花屢攀絕棧經殘雪幾度清溪踏月華虎穴相隣多異境鳥飛不到有僧家頻來休下仙翁榻只借峯頭一片霞

登雲峯望始盡九華之勝因復作歌

九華之峯九十九此語相傳俗人口俗人眼淺見皮膚焉測其中之所有我登華頂拂雲霧極目奇峯那有數巨壑中藏萬玉林大劒長鎗攢武庫有如智者

深韜藏復如淑女避讒妬闇然避世不求知卑已尊
人羞逞露何人不道九華奇奇中之奇人未知我欲
窮搜盡拈出秘藏恐是天所私旋解詩囊旋收拾脫
穎露出錐參差從來題詩李白好渠於此山亦潦草
曾見王維畫輞川安得渠來排纖縞

雙峯遺柯生喬

爾家雙峯下不見雙峯京知錐處囊中深藏未脫穎
盛德心愈卑幽人迹多屏悠然望雙峯可以發深省

歸途有僧自望華亭來迎且請詩

方自華峯下何勞更望華山僧援故事要我到渠家

自謂遊巳至那知望轉佳正如酣醉後醒酒卻須茶

無相寺金沙泉次韻

黃金不布地傾沐瀉流泉潭淨長開鏡池分或鑄蓮
興雲爲大雨濟世作豐年縱有貪夫過清風自灑然

夜宿天池月下聞雷次早知山下大雨三首

昨夜月明峰頂宿隱隱雷聲在山麓曉來却問山下
人風雨三更撥茆屋
野人權作青山主風景朝昏頗裁取巖傍日脚半溪
雲山下雷聲一村雨
天池之水近無主木魅山妖競偷取公然又盜山頭

雲夫向人間作風雨

文殊臺夜觀佛燈

老夫高卧文殊臺拄杖夜撞青天開散落星辰滿平野山僧盡道佛燈來

書汪進之太極巖二首

一竅誰將混沌開千年様子道州來須知太極元無極始信心非明鏡臺

始信心非明鏡臺須知明鏡亦塵埃人人有箇圓圈在莫向蒲團坐死灰

勸酒

平生忠赤有天知，便欲欺人肯自欺。毛髮暗從愁裏改，世情明向矣中危。春風脉脉同枯草，殘雪依依戀舊枝。謾對芳樽辭酩酊，機關識破已多時。

重遊化城寺二首

愛山日日望山晴，忽到山中眼自明。鳥道漸非前度險，龍潭更比舊時清。會心人遠空遺洞，識面僧來不記名。莫謂中丞喜忘世，前途風浪苦難行。

山寺重來十九秋，舊僧零落老比丘。簷松盡長青冥外，澗水猶懸翠壁流。人住層崖嫌洞淺，鳥鳴春磵覺山幽。年來別有閑尋意，不似當時孟浪遊。

遊九華

九華原亦是移文，錯恠山頭日日雲。乘興未甘回俗駕，初心終不負靈均。紫芝香煖春堪茹，青竹泉高晚更分。幽夢已分塵土界，清猿正好月中聞。

弘治壬戌嘗遊九華，值時陰霧，竟無所見。至是正德庚辰復往遊之，風日清朗，盡得其勝，喜而作歌

昔年十日九華住，雲霧終旬竟不開。有時昏夜入寶藏，兩目無覩成空回。每逢好事談奇勝，即思策蹇還一來。頻年驅逐事兵革，出入賊壘衝風埃。恐恐晝夜

不遑息豈復山水能徘徊鄱湖一戰偶天幸遠隨歸
凱停江隈是時軍務頗多暇況復我馬方虺隤舊遊
諸生亦群集遂將童冠登崔嵬先晨霏靄尚暝晦却
疑山意猶嫌猜肩輿一入青陽境忽然白日開西嶺
長風擁篲掃浮陰九十九峯如夢醒群巒踴躍爭獻
奇兒孫俯伏摩其頂今來始識九華面恨無詩筆爲
傳影層樓疊閣寫未工千朵芙蓉抽玉井恠哉造化
亦安排天下奇山此兼并攬衣登高望八荒雙闕下
見日月光長江如帶繞山麓五湖七澤皆陂塘蓬瀛
海上浮拳石舉足可到虹可梁仙人爲我啓閶闔鸞

輧鶴駕紛翱翔從玆脫屣謝塵世飄然拂袖凌蒼蒼

巖頭閒坐謾成

盡日巖頭坐落花不知何處是吾家靜聽谷鳥遷喬木閒看林蜂散午衙翠壁泉聲穿亂石碧潭雲影透晴沙痴兒公事眞難了須信吾生自有涯

將遊九華移舟宿寺山二首

逢山未愜意落日更移船峽寺緣溪逕雲林帶石泉鐘聲先度嶺月色已浮川今夜巖房宿寒燈不待懸

其二

維舟谷口傍煙霏共說前岡石徑微竹杖穿雲尋寺

宿藤筐採藥帶花歸諸生晚佩聯芳杜野老春霞綴衲衣風詠不須沂水上舞雩山明月更清輝

登雲峰二三子詠歌以從欣然成謡二首

淳氣日凋薄鄒魯亡眞承世儒昌臆說愚瞽相因仍晚途益淪溺手援吾不能崇之入煙霞高歷雲峯層闢茅傍虎穴結屋依巖僧豈曰事高尚庶免無予憎好鳥求其侶嚶嚶林間鳴而我在空谷焉得無良朋飄飄二三子春服來從行詠歌見眞性逍遥無俗情各勉希聖志毋爲塵所縈

深林之鳥何間關我本無心雲自閒大舜亦與木石

處醉翁惟在山水間晴窓展卷有會意絶壁題詩無
厚顔顧謂從行二三子隨遊麋鹿俱忘還

有僧坐巖中已三年詩以勵吾黨

莫恠巖僧木石居吾儕眞切幾人如經營日夜身心
外剽竊糠粃齒頰餘俗學未堪欺老衲昔賢取善及
閭漁年來奔走成何事此日斯人亦起予

春日遊齊山寺用杜牧之韻二首

即看花發又花飛空向花前嘆式微自笑半生行脚
過何人未老乞身歸江頭皷角翻春浪雲外旌旗閃
落暉美殺山中麋鹿伴千金難買芰荷衣

倦鳥投枝已亂飛林間暝色漸霏微春山日暮成孤
坐遊子天涯正憶歸古洞濕雲含宿雨碧溪明月弄
清暉桃花不管人間事只笑山人未拂衣

重遊開元寺戲題壁

中丞不解了公事到處看山復尋寺尚爲妻奴守俸
錢至今未得休官去三月開花兩度來寺僧倦客門
未開山靈似嫌俗士駕溪風攔路吹人回君不見富
貴中人如中酒折腰解酲須五斗未妨適意山水間
浮名于我亦何有

賈胡行

賈胡得明珠藏珠剖其軀珠藏未能有此身已先無
輕巳重外物賈胡一何愚請君勿笑賈胡愚君今奔
走聲利途鑚求富貴未能得弊精勞形骨髓枯竟日
惶惶憂毀譽終宵惕惕防艱虞一日僅得五升米半
級仍甘九族誅昏靡挨踵略無悔請君勿笑賈胡愚

送邵文寶方伯致仕

君不見榯下雞引類呼群啄且啼稻粱巳足脂漸肥
毛羽脫落充庖廚又不見籠中鶴斂翼垂頭困牢落
籠開一旦入層雲萬里翺翔縱寥廓人生山水須認
眞胡爲利祿纏其身高車駟馬盡桎梏雲臺麟閣皆

埃塵鷗夷抱恨浮江水何似扁舟逃海濱舜水龍山予舊宅讓公且作煙霞伯拂衣便擬逐公回爲予先掃峰頭石

記夢 并序

正德庚辰八月廿八夕臥小閣忽夢晉忠臣郭景純氏以詩示予且極言王導之奸謂世之人徒知王敦之逆而不知王導實陰主之其言甚長不能盡録覺而書其所示詩於壁復爲詩以紀其略嗟乎今距景純若千年矣非有實惡深冤鬱結而未暴寧有數千載之

下尚懷憤不平若是者耶

秋夜卧小閣夢遊滄海濱海上神山不可到金銀宮闕高嶙峋中有仙人芙蓉巾顧我宛若平生親欣然就語下烟霧自言姓名郭景純携手歷歷訴衷曲義憤感激難具陳切齒尤漂怒王導深奸老猾長欺人當年王敦覬神器導實陰主相緣寅不然三問三不答胡忍使敦殺伯仁寄書欲掇太眞舌不相爲謀敢爾云敦病巳篤事巳去臨哭嫁禍復賣敦事成同享帝王貴事敗仍爲顧命臣幾微隱約亦可見世史掩覆多失眞袖出長篇再三讀覽來字字能書紳開熜

試抽晉史閱中間事迹頗有因因思景純有道者世
移事往千餘春若非精誠果有激豈得到今猶憤嗔
無成之語以箴戒敦實氣沮竟殞身人生生死亦不
易誰能視死如輕塵燭微先幾炳易道多能餘事非
所論取義成仁忠晉室龍逢龔勝心可倫是非顛倒
古多有吁嗟景純終見伸御風騎氣遊八垠彼敦之
徒草木糞土臭腐同沉淪

我譜陽明道故知未來事時人不我識遂傳躭一
技緬思王導徒神器良久覬諸謝豈不力伯仁見
蘊底所以敦者傭闇顧天經與地義不然首口未

負托何忍置之死我　於斯時知有分日中斬柴

我死何足悲我生良有以九天一人撫膺笑晉室

諸公亦可恥舉目山河徒嘆非携手登亭空灑淚

王導眞奸雄千載人未議偶感君子談中及重與

寫眞記固知倉卒不成文自今當與頻謳戲倘其

爲我一表揚萬世萬世萬萬世

右晉忠臣郭景純自述詩盖予夢中所得者

因表而出之

無題

巖頭有石人爲我下嶙峋脚踏破履五十兩身披舊

衲四十斤任重致遠香象力餐霜坐雪金剛身夜寒
雙虎與溫足雨後禿龍來伴宿手握頑磚鏡未光舌
底流泉梅未熟夜來拾得遇寒山翠竹黃花好共看
同來問我安心法還解將心與汝安

遊落星寺

女媧煉石補天漏璇璣晝夜無停走自從懂却玉衡
星至今七政迷前後渾儀晝夜徒揣摩欲授人時亦
何有玉衡懂却此湖中眼前誰是補天手

遊通天巖示鄒陳二子

鄒陳二子皆好遊一往通天十日留候之來歸久不

至我亦乘興聊尋幽巖扉日出雲氣浮二子睎髮登巖頭谷轉始聞人語響蒼壁杳杳長林秋嗒然坐我亦忘去人生得休且復休採芝共約陽明麓白首無慚黃綺儔

青原山次黃山谷韻

恣觀歷州郡驅馳倦風埃名山特乘暇林壑盤縈迴雲石緣款還夏木深層隈仰窮嵐霏際始覩臺殿開衣傳西竺舊搆遺唐宋材風松溪溜急湍響空山哀妙香隱玄洞僧屋懸穹崖扳依儼龍象陟降臨緯階飛泉瀉靈竇曲檻連雲櫰我來慨遺迹勝事多湮埋

邈矣西方教流傳遍中垓如何皇極化反使吾人猜
剝陽幸未絕生意存枯荄傷心眼底事莫負生前盃
煙霞有本性山水乞歸骸崎嶇羊腸坂車輪幾傾摧
蕭散麋鹿伴澗谷終追陪恬愉返眞澹闃寂辭喧豗
至樂發天籟絲竹謝淫哇千古自同調豈必時代偕
珎重二三子茲遊非偶來且從山叟宿勿受役夫催
東峰上烟月夜景方徘徊

睡起偶成

四十餘年睡夢中而今醒眼始朦朧不知日巳過停
午起向高樓撞曉鐘

起向高樓撞曉鐘尚多昏睡正懵懵縱令日暮醒猶
得不信人間耳盡聾

立春

荒村亂後耕牛絶城郭春來見土牛家業苟存鄉井
戀風塵先幸甲兵休未能布德慚時令聊復題詩寫
我憂爲報胡雛須遠塞暫時邊將駐南州

遊廬山開元寺

清晨入谷到斜曛徧歷青霞躡紫雲閶闔遠從雙劍
闢銀河真自九天分驅馳此日原非暇夢想當年亦
自勤斷擬罷官來駐此不教林鶴更移文

登小孤次陸良弼韻

看盡東南百二峯小孤江上是眞龍攀龍我欲乘風去高躡層霄絶世蹤

月下吟三首

露冷天清月更輝可堪遊子倍沾衣催人歲月心空在滿眼兵戈事漸非方朔本無金馬意班超惟願玉門歸白頭應倚庭前樹恠我還期秋又違

江天月色自清秋不管人間底許愁謾憶翠華旋北極正憐白髮倚南樓狼烽絶塞寒初入鶴怨空山夜未休莫重三公輕一日虚名眞覺是浮漚

依依牕月夜還來渺渺鄉愁坐未回素位也知非自得白頭無柰是親衰嘗笋竹下實裘仲何日花前更老萊翾蹈乞骸今幾上中宵翹首望三台

月夜二首

高臺月色倍新晴極浦浮沙遠樹平客久欲迷鄉國望亂餘愁聽皷鼙聲湖南水潦頻移粟磧北風煙且罷征濡手未辭援溺苦白頭方切倚閭情

舉世困酣睡而誰偶獨醒疾呼未能起瞪目相恠驚反謂醒者狂群起環鬬爭洙泗斁金鐸瀍洛傳微聲誰鳴雷門皷聞者皆昏冥嗟爾欲奚為奔走皆營營

何當聞此鼓開爾天聽明

雪望四首

風雪樓臺夜更寒曉來霽色滿山川當歌莫放陽春
調幾處人家未起煙

初日湖山雪未融野人村落閑重重安居信是豐年
兆爲語田夫莫惰農

霽景朝來更好看河山千里思漫漫茅簷日色猶堪
曝應是邊關地更寒

法象冥濛失巨纖連朝風雪費粧嚴誰將塵世化珠
玉好與貧家聚米鹽

火秀宫次一峯韻三首

玆山堪遁迹上應少微星洞裏乾坤別壺中日月明道心空自警塵夢苦難醒方嶠由來此虛無隔九溟

其二

清溪曲曲轉層林始信桃源路未深曉樹煙霏山閣靜古松雷雨石壇陰丹爐遺火飛殘藥仙樂浮空寄絶音莫道山人才一到千年陳迹此重尋

其三

落日下晴江悵望閣道晚人言玉笥更奇絶漳口停舟路非遠肩輿取徑沿村落心目先馳嫌足緩山昏

欲就雲儲眠踈林月色泠風泉夢魂忽忽到眞境侵曉循迹來洞天洞天非人世予亦非世人當年曾此寄一迹屈指忽復三千春巖頭坐石剥落盡手種松栢枯龍鱗三十六峯僅如舊澗谷漸改溪流新空中仙樂風吹斷化爲皷角驚風塵風塵慘淡半天地何當一掃還吾眞從行諸生駭吾説問我恐是兹山神君不見廣成子高卧崆峒長不死到今一萬八千年陽明眞人亦如此

歸懷

行年忽五十頓覺毛髮改四十九年非童心獨猶在

世故漸改涉遇坎稍無餒每當快意事退然思辱殆
傾否俟聖作物覩豈不快柰何桑梓懷哀白倚門待

啾啾吟

知者不惑仁不憂君胡戚戚眉雙愁信步行來皆坦
道憑天判下非人謀用之則行舍即休此身浩蕩浮
虛舟丈夫落落掀天地豈顧束縛如窮囚千金之珠
彈鳥雀掘土何煩用钃鏤君不見東家老翁防虎患
虎夜入室啣其頭西家兒童不識虎執竿驅虎如驅
牛痴人懲噎遂廢食愚者畏溺先自投人生達命自
灑落憂讒避毀徒啾啾

居越詩三十四首 正德辛巳年歸越後作

歸興二首

百戰歸來白髮新，青山從此作閒人。峯攢尚憶衝蠻陣，雲起猶疑見虜塵。島嶼微茫滄海暮，桃花爛熳武陵春。而今始信還丹訣，却笑當年識未眞。

其二

歸去休來歸去休，千貂不換一羊裘。青山待我長爲主，白髮從他自滿頭。種菓移花新事業，茂林脩竹舊風流。多情最愛滄州伴，日日相呼理釣舟。

次謙之韻

珍重江船冒暑行一宵心話更分明須從根本求生死莫向支流辨濁清久柰世儒橫臆說競搜物理外人情良知底用安排得此物由來自渾成

再遊浮峯次韻

廿載風塵始一回登高心在力全衰偶懷勝事乘春到況有良朋自遠來還指松蘿尋舊隱掃開雲石翦蒿萊後期此別知何地莫厭花前勸酒盃

夜宿浮峯次謙之韻

日日春山不厭尋野情原自懶朝簪幾家茅屋山村靜夾岸桃花溪水深石路草香隨鹿去洞門蘿月聽

猿吟禪堂坐久發清磬却笑山僧亦有心

再遊延壽寺次舊韻

歷歷溪山記舊踪寺僧遷住翠微重扁舟曾泛桃花入岐路新多草樹封谷口鳥聲兼伐木石門煙火出深松年來百好俱衰薄獨在幽探興尚濃

碧霞池夜坐

一雨秋凉入夜新池邊孤月倍精神潛魚水底傳心訣棲鳥枝頭說道真莫謂天機非嗜欲須知萬物是吾身無端禮樂紛紛議誰與青天掃宿塵

秋聲

秋來萬木發天聲點瑟回琴日夜清絶調迴隨流水
遠餘音細入晩雲輕洗心眞已空千古傾耳誰能辯
九成徒使清風傳律吕人間瓦缶正雷鳴

林汝桓以二詩寄次韻爲别

斷雲徹日半陰晴何處高梧有鳳鳴星漢浮槎先入
夢海天波浪不須驚魯郊已自非常典膰肉寧爲脫
冕行試向滄浪歌一曲未云不是九韶聲

堯舜人人學可齊昔賢斯語豈無稽君今一日眞千
里我亦當年苦舊迷萬理由來吾具足六經原只是
階梯山中儘有閑風月何日扁舟更越溪

月夜二首 與諸生歌于天泉橋

萬里中秋月正晴四山雲靄忽然生須臾濁霧隨風
散依舊青天自月明肯信良知原不昧從他外物豈
能攖老夫今夜狂歌發化作鈞天滿太清
處處中秋此月明不知何處亦群英須憐絕學經千
載莫負男兒過一生影響尚疑朱仲晦支離羞作鄭
康成鏗然舍瑟春風裏點也雖狂得我情

秋夜

春園花竹始菲菲又是高秋落木稀天迥樓臺含氣
象月明星斗避光輝閒來心地如空水靜後天機見

隱微深院寂寥群動息獨憐烏鵲繞枝飛

夜坐

獨坐秋庭月色新乾坤何處更閒人高歌度與清風去幽意自隨流水春千聖本無心外訣六經須拂鏡中塵却憐擾擾周公夢未及惺惺陋巷貧

心漁爲錢翁希明別號題

有漁者歌曰漁不以目惟以心心不在魚漁更深北溟之鯨殊小小一舉六鰲未足歆敢問何如其爲漁耶曰吾將以斯道爲網良知爲綱太和爲餌天地爲魴絜之無意散之無方是謂得無所得而忘無可忘

者矣

登香爐峯次蘿石韻

曾從爐鼎躡天風下數天南百二峯勝事縱爲多病阻幽懷還與故人同旌旗影動星辰北鼓角聲迴滄海東世故茫茫渾未定且乘溪月放歸蓬

觀從吾登爐峰絕頂戲贈

道人不奈登山僻日暮猶思絕棧雲巖底獨行牙虎穴峰頭清嘯亂猿群清溪月出時尋寺歸棹城隅夜扣門可笑中郎無好興獨留松院坐黃昏

書扇贈從吾

君家只在海西隈日日寒潮去復迴莫遣扁舟成久別爐峰秋月望君來

嘉靖甲申冬二十一日再登秦望自弘治戊午登後二十七年矣將下適董蘿石與二三子來復坐久之暮歸同宿雲門僧舍

初冬風日佳杖策登崔嵬自予羈宦迹久與山谷違屈指廿七載今茲復一來沿溪尋往路歷歷皆所懷躋險還屢息興在知吾衰停午際峯頂曠望未能回良朋亦偶至歸路相徘徊夕陽飛鳥靜羣壑風泉哀悠悠觀化意點也可與偕

山中漫興

清晨急雨度林扉餘滴煙稍尚濕衣隔水霞明桃亂吐沿溪風煖藥初肥物情到底能容懶世事從前頓覺非自擬春光還自領好誰歌詠月中歸

挽潛南山

聖學宫墻亦久荒如公精力可升堂若爲千古經綸手只作終年著述忙末俗澆漓風益下平生辛苦意難忘西風一夜山陽笛吹盡南岡落木霜

和董蘿石菜花韻

油菜花開滿地金鶓鳩聲裏又春深閭閻正苦饑民

色畝畝常懷老圃心自有牡丹堪富貴也從蜂蝶漫追尋年年開落渾閒事來賞何人共此襟

天泉樓夜坐和蘿石韻

莫厭西樓坐夜深幾人今夕此登臨白頭未是形容老赤子依然混沌心隔水鳴榔聞過棹映窗殘月見疎檣看君已得忘言意不是當年只苦吟

詠良知四首示諸生

箇箇人心有仲尼自將聞見苦遮迷而今指與眞頭面只是良知更莫疑

問君何事日憧憧煩惱場中錯用功莫道聖門無口

訣良知兩字是參同

人人自有定盤針萬化根源本在心却笑從前顛倒見枝枝葉葉外頭尋

無聲無臭獨知時此是乾坤萬有基拋却自家無盡藏沿門持鉢效貧兒

示諸生三首

爾身各各自天真不用求人更問人但致良知成德業謾從故紙費精神

乾坤是易原非畫心性何形得有塵莫道先生學禪語此言端的爲君陳

人人有路透長安坦坦平平一直看盡道聖賢須有

秘翻嫌易簡却求難只從孝弟爲堯舜莫把辭章學柳韓不信自心原具足請君隨事反身觀

長安有路極分明何事幽人曠不行遂使蓁蕪成間塞儘教麋鹿自縱橫徒聞絕境勞懸想指與迷途却浪驚冒險甘投蛇虺窟顛崖墮壑竟亡生

答人問良知二首

良知即是獨知時此知之外更無知誰人不有良知在知得良知却是誰

知得良知却是誰自家痛癢自家知若將痛癢從人問痛癢何須更問爲

答人問道

饑來喫飯倦來眠，只此修行玄更玄。說與世人渾不信，却從身外覓神僊。

寄題玉芝庵　丙戌

塵途駿馬勞千里，月樹鷦鷯足一枝。身既了時心亦了，不須多羨碧霞池。

別諸生

綿綿聖學已千年，兩字良知是口傳。欲識渾淪無斧鑿，須從規矩出方圓。不離日用常行内，直造先天未畫前。握手臨岐更何語，慇懃莫媿別離筵。

後中秋望月歌

一年兩度中秋節兩度中秋一樣月兩度當筵望月人幾人猶在幾人別此後望月幾中秋此會中人知在否當筵莫惜慇懃望我已衰年半白頭

書扇示正憲

汝自冬春來頗解學文義吾心豈不喜顧此枝葉事如樹不植根暫榮終必瘁植根可如何願汝且立志

送蕭子雝憲副之任

衰疾悟止足閒居便靜修採芝深谷底考槃南澗頭之子亦早見枉帆經舊丘幽尋意始結公期已先道

星途觸來暑拯焚能自由黃鵠一高舉剛風翼難收
懷玆戀丘隴回顧未忘憂往志咼千里豈伊枋榆投
哲士管四海細人聊自謀聖作正思治吾衰亮可酬
所望登才俊濟濟揚鴻休隱者嘉遯仕者當誰儔
寧無寥寂念宜急瘡痍瘳舍藏應有時行矣毋淹留

中秋

去年中秋陰復晴今年中秋陰復陰百年好景不多
遇況乃白髮相侵尋吾心自有光明月千古團圓永
無欽山河大地擁清輝賞心何必中秋節

嘉靖丙戌十二月庚申始得子年已五十有五

矣六有靜齋二丈昔與先公同舉于鄉聞之而
喜各以詩來賀藹然世交之誼也次韻爲謝

海鶴精神老益強晚途詩價重圭璋洗兒惠比金錢
貴爛目光呈奎井祥何物敢云繩祖武他年只好共
爺長偶逢燈事鬧湯餅席樹春風轉歲陽

其二

自分秋禾後吐芒敢云琢玉晚成璋漫憑先德餘家
慶豈是生申降嶽祥携抱且堪娛老况長成或可望
書香不辭歲歲臨湯餅還見吾家第幾郎

兩廣詩二十一首 嘉靖丁亥起平思田之亂

秋日飲月巖新搆别 王侍御

湖山久繫念愧處限形迹遥望一水間十年靡由即軍旅起衰廢驅馳豈遑息前旌道回岡取捷上崎側新搆鬱層椒石門轉深寂是時霜始降風凄群卉拆嶅静響江聲牕虚涵海色夕陰下西岑凉月穿東壁覯風此餘情撫景見高臆匪從群公餞何因得良覿南徼方如燬救焚敢辭亟來歸幸有期終遂幽尋僻

復過釣臺

憶昔過釣臺驅馳正軍旅十年今始來復以兵戈起空山煙霧深徃迹如夢寰微雨林逕滑肺病雙足胝

仰瞻臺上雲俯濯臺下水人生何碌碌高尚當如此
瘡痍念同胞至人匪爲己過門不遑入憂勞豈得已
滔滔良自傷果哉末難矣

右正德己卯獻俘行在過釣臺而弗及登今兹復來又以兵革之役兼肺病足瘡徒顧瞻悵望而已書此付桐廬尹沈元材刻置亭壁聊以紀經行歲月云耳嘉靖丁亥九月廿二日書時從行進士錢德洪王汝中建德尹楊思臣及元材凡四人

方思道送西夆

西峯隱眞境微境，臨通衢行役空屢屢過眼俱塵迷
青林外延望中閱，何由窺方子巖廊器兼抱雲霞姿
每逢泉石處必刻，棠陵詩茲山秀常玉之子囊中錐
群峯灝秋氣喬木，含涼吹此行非佳餞誰爲發幽奇
柰何眷清賞局促，牽至期悠悠傷絕學之子亦如斯
爲君指周道直往，勿復疑

西安雨中諸生出候因寄德洪汝中并示書院諸生

幾度西安道江聲，暮雨時機關鷗鳥破蹤跡水雲疑
仗鉞非吾事傳經，媿爾師太眞泉石秀新有鹿門期

德洪汝中方卜書院盛稱天眞之奇幷寄及之

不踏天眞路依稀二十年石門深竹逕蒼峽瀉雲泉泮壁環胥海龜疇見宋田文明原有象卜築豈無緣

寄石潭二絶

僕茲行無所樂樂與二公一會耳得見閒齋固已如見石潭矣留不盡之興於後期豈謂樂不可極邪聞尊恙已平復必於不出見客無乃太以界限自拘乎奉次二絶用發一笑且以致不及請教之憾

見說新居止隔山肩輿曉出暮堪還知公久已藩籬

撤何事深林尚閉關
乘興相尋涉萬山扁舟亦復及門還莫將身病爲心
病可是無關却有關

長生

長生徒有慕苦乏大藥資名山遍探歷悠悠鬢生絲
微軀一繫念去道日遠而中歲忽有覺九還乃在茲
非爐亦非鼎何坎復何離本無終始究寧有死生期
彼哉遊方士詭辭反增疑紛然諸老翁自傳困多岐
乾坤由我在安用他求爲千聖皆過影良知乃吾師

南浦道中

南浦重來夢裏行當年鋒鏑尚心驚旌旗不動山河影鼓角猶傳草木聲已喜閭閻多復業獨憐饑饉未寬征迂踈何有甘棠惠慚愧香燈父老迎

重登黄土腦

一上高原感慨重千山落木正無窮前途且與停西日此地曾經拜北風劍氣晚横秋色淨兵聲寒帶暮江雄水南多少流亡屋尚訴征求杼軸空

過新溪驛

猶記當年築此城廣猺胡寇正縱横人今樂業皆安堵我亦經過一駐兵香火沿門慚老稚壺漿遠道及

從行峯山犖手疲勞甚且放歸休莫送迎

夢中絶句

此予十五歲時夢中所作今拜伏波祠下宛
如夢中茲行殆有不偶然者因識其事于此

卷甲歸來馬伏波早年兵法鬢毛皤雲埋銅柱雷轟
柝六字題詩尚不磨

謁伏波廟二首

四十年前夢裏詩此行天定豈人爲徂征敢倚風雲
陣所過須同時雨師尚喜遠人知向望却慚無術救
瘡痍從來勝算歸廊廟恥說兵戈定四夷

樓船金鼓宿烏蠻魚麗群舟夜上灘月遶旌旗千障靜風傳鈴柝九溪寒荒夷未必先聲服神武由來不殺難想見虞廷新氣象兩階干羽五雲端

破斷藤峽

才看干羽格苗夷忽見風雷起戰旗六月徂征非得已一方流毒已多時遷賓玉石分須早柳慶雲霓慰莫遲嗟爾有司懲既往好將恩信撫遺黎

平八寨

見說韓公破此蠻貔貅十萬騎連山而今止用三千卒遂爾收功一月間豈是人謀能奮勝偶逢天助及

師還窮搜極討非長計須有恩威化梗頑

南寧二首

一駐南寧五月餘始因送遠過僧廬浮屠絕壁經殘燹井灶沿村見廢墟撫恤尚慚凋弊後巡觀正及省耕初近聞襁負歸猺獞莫陋夷方不可居

勞矣田人莫遠迎瘡痍未定犬猶驚燹餘破屋須完緝雨後荒畬莫廢耕歸喜逃亡來負襁貧憐繻絝綫

旗旌　聖朝恩澤寬如海涸鮒盆魚縱爾生

往歲破桶岡宗舜祖世麟老宣慰實來督兵今茲思田之役乃隨父致仕宣慰明輔來從事向

擊其父子孫三世皆以忠孝相承相尚也詩以

嘉之

宣慰彭明輔忠勤晩益敦歸師當五月冒暑淨蠻氛

㬎霄雖已老報　國意尤懃五月衝炎暑回軍立戰

勳

愛爾彭宗舜少年多戰功從親心已孝報國意尤忠

題甘泉居

我闕甘泉居近連菊坡麓十年勞夢思今來快心目

徘徊欲移家山南尚堪屋渴飲甘泉泉飢飡菊坡菊

行看羅浮雲此心聊復足

書泉翁壁

我祖死 國事肇禋在增城荒祠幸新復適來奉初蒸亦有兄弟好念年思一尋蒼蒼蕪葭色宛隔環瀛深入門散圖史想見抱膝吟賢郎敬父執童僕意相親病軀不遑宿留詩慰慇懃落落千百載人生幾知音道同著形迹期無負初心

陽明先生文録卷之十五

奏疏一

陳言邊務疏 弘治十二年時進士

邇者竊見　皇上以彗星之變警戒修省又以虜寇猖獗命將出師　宵旰憂勤不遑寧處此誠　聖主遇災能警臨事而懼之盛心也當兹多故主憂臣辱孰敢愛其死況有一二之見而忍不以上聞耶臣愚以為今之大患在於為大臣者外託慎重老成之名而内為固禄希寵之計為左右者内挾交蟠蔽壅之資而外肆招權納賄之惡習以成俗互相為奸憂世

者謂之迂狂進言者目以浮躁沮抑正大剛直之氣而養成怯懦因循之風故其衰耗頹塌將至于不可支持而不自覺今幸上天仁愛適有邊陲之患是憂慮警省易轅改轍之機也此在 陛下必宜自有所以痛革弊源懲艾而振作之者矣新進小臣何敢僭聞其事以干出位之誅至於軍情之利害事機之得失苟有所見是固芻蕘之所可進卒伍之所得言者也臣亦何爲而不可之有雖其所陳未必盡合時論然私心竊以爲必宜如此則又不可以苟避乖剌而遂已於言也謹陳便宜八事以備採擇一曰蓄材以

備急二曰舍短以用長三曰簡師以省費四曰屯田以足食五曰行法以振威六曰敷恩以激怒七曰捐小以全大八曰嚴守以乘弊何謂蓄材以備急臣惟將者三軍之所恃以動得其人則克以勝非其人則敗以亡其可以不豫畜哉今者邊方小寇曾未足以辱偏裨而　朝廷會議推舉固已倉皇失措不得已而思其次一二人之外曾無可以繼之者也如是而求其克敵致勝其將何恃而能乎夫以南宋之偏安猶且宗澤岳飛韓世忠劉錡之徒以爲之將李綱之徒以爲之相尚不能止金人之衝突今以一統之大

求其任事如數子者曾未見有一人萬如虜寇長驅
而入不知　陛下之臣孰可使以禦之若之何其猶
不寒心而早圖之也臣愚以爲今之武舉僅可以得
騎射搏擊之士而不足以收韜畧統馭之才今公侯
之家雖有教讀之設不過虛應故事而實無所裨益
誠使公侯之子皆聚之一所擇文武兼濟之才如今
之提學之職者一人以教育之習之以書史騎射授
之以韜畧謀猷又於武學生之内歲升其超異者於
此使之相與磨礲砥礪日稽月考别其才否比年而
校試三年而選舉至於兵部自尚書以下其兩侍郎

使之每歲更迭巡邊於科道部屬之内擇其通變特達者二三人以從因使之得以周知道里之遠近邊關之要害虜情之虛實事勢之緩急無不深諳熟察於平日則一旦有急所以遥度而徃涖之者不慮無其人矣孟軻有云苟爲不畜終身不得臣願自今畜之也何謂舍短以用長臣惟人之才能自非聖賢有所長必有所短有所明必有所蔽而人之常情亦必有所懲於前而后有所警於后吳起殺妻忍人也而稱名將陳平受金貪夫也而爲謀臣管仲被囚而建覇孟明三北而成功顧上之所以駕馭而鼓動之者

何如耳故曰用人之仁去其貪用人之智去其詐用人之勇去其怒夫求才於倉卒艱難之際而必欲拘於規矩繩墨之中吾知其必不克矣臣嘗聞諸道路之言曩者邊關將士以驍勇強悍稱者多以過失罪名擯棄於閑散之地夫有過失罪名其在平居無事誠不可使處於人上至於今日之多事則彼之驍勇強悍亦誠有足用也且彼擯棄之久必且悔艾前非以思奮勵今誠委以數千之衆使得立功自贖彼又素熟於邊事加之以積慣之餘其與不習地利志圖保守者功宜相遠矣古人有言使功不如使過是所

謂使過也何謂簡師以省費臣聞之兵法曰日費千金然後十萬之師舉夫古之善用兵者取用於國因糧於敵猶且日費千金今以中國而禦夷虜非漕輓則無粟非征輸則無財是固不可以言因糧於敵矣然則今日之師可以輕出乎臣以公差在外甫歸旬日遥聞出師竊以爲不必然者何則北地多寒今炎暑漸熾虜性不耐我得其時一也虜恃弓矢今大雨時行筋膠解弛二也虜逐水草以爲居射生畜以爲食今已蜂屯兩月邊草殆盡野無所獵三也以臣料之官軍甫至虜迹遁矣夫兵固有先聲而後實者今

師旅既行言已無及惟有簡師一事猶可以省虛費而得實用夫兵貴精不貴多今速 詔諸將密於萬人之內取精健足用者三分之一而餘皆歸之京師萬人之聲既揚矣今密歸京師邊關固不知也是萬人之威猶在也而其實又可以省無窮之費豈不爲兩便哉況今官軍之出戰則退後功則爭先亦非邊將之所喜彼之請兵徒以事之不濟則責有所分焉耳今誠於邊塞之卒以其所以養京軍者而養之以其所以賞京軍者而賞之旬日之間數萬之衆可立募於帳下奚必自京而出哉何謂屯田以給食臣惟

兵以食爲主無食是無兵也邊關轉輸水陸千里踣頓捐棄十而致一故兵法曰國之貧於師者遠輸遠輸則百姓貧近師者貴賣貴賣則百姓財竭此之謂也今之軍官既不堪戰陣又使無事坐食以益邊困是與敵爲謀也三邊之戍方以戰守不暇耕農誠使京軍分屯其地給種授器待其秋成使之各食其力寇至則授甲歸屯遥爲聲勢以相掎角寇去仍復其業因以其暇繕完虜所拆毁邊墻亭堡以遏衝突如此雖未能盡給塞下之食亦可以少息輸餽矣此誠持久俟時之道王師出於萬全之長策也何謂行法以

振威臣聞李光弼之代子儀也張用濟斬於轅門狄
青之至廣南也陳曙戮於戲下是以皆能振疲散之
卒而摧方強之虜今邊臣之失機者往往以計倖脫
朝襃師於東陲暮調守於西鄙罰無所加兵因縱弛
如此則是　陛下不惟不寘之罪而復爲曲全之地
也彼亦何憚而致其死力哉夫法之不行自上犯之
也今總兵官之頭目動以一二百計彼其誠以武勇
而收録之也則亦何不可之有然而此輩非勢家之
子弟即豪門之夤緣皆以權力而強委之也彼且需
求刻剥騷擾道路仗勢以奪功無勞而冒賞懈戰士

之心與邊戎之慾爲總兵者且復資其權力以相後先其委之也敢以不受乎其受之也其肯以不庇乎苟庚於法又敢斬之以殉乎是將軍之威固已因此輩而索然矣其又何以臨師服衆哉臣願　陛下手勅提督等官發令之日即以先所喪師者斬于轅門以正軍法而所謂頭目之屬悉皆禁令發回毋使瀆擾侵冒以撓將權則士卒奮厲軍威振肅克敵制勝皆原於此不然雖有百萬之衆徒以虛國勞民而亦無所用之也何謂敷恩以激怒臣聞殺敵者怒也今師方失利士氣消沮三邊之戍其死亡者非其父母

子弟則其宗族親戚也今誠撫其瘡痍問其疾苦恤其孤寡振其空乏其死者皆無怨尤則生者自宜感動然後簡其強壯宣以 國恩喻以虜讐明以天倫激以大義懸賞以鼓其勇暴惡以深其怒痛心疾首日夜淬礪務與之俱殺父兄之讐以報 朝廷之德則我之兵勢日張士氣日奮而區區醜虜有不足破者矣何謂捐小以全大臣聞之兵法曰將欲取之必固與之又曰佯北勿從餌兵勿食皆捐小全大之謂也今虜勢方張我若按兵不動彼必出銳以挑戰挑戰不已則必設詐以致師或捐棄牛馬而僞逃或拚

匿精悍以示弱或詐潰而埋伏或潛軍而請和是皆誘我以利也信而從之則墮其計矣然今邊關守帥人各有心虜情虛實事難卒辨當其挑誘之時畜而不應未免小有剽掠之虞一以爲當救一以爲可邀從之則必陷於危亡之地不從則又懼於坐視之誅此王師之所以奔逐疲勞損失威重而醜虜之所以得志也今若恣其操縱許以便宜其縱之也不以其坐視其捐之也不以爲失機養威畜憤惟欲責以大成而小小挫失皆置不問則我師常逸而兵威無損此誠勝敗存亡之機也何謂嚴守以乘弊臣聞古之

善戰者先爲不可勝以待敵之可勝蓋中國工於自守而胡虜長於野戰今邊卒新破虜勢方劇若復與之交戰是投其所長而以勝予敵也爲今之計惟宜嬰城固守遠斥堠以防奸動間諜以諜虜熟訓練以用長嚴號令以肅惰而又頻加犒享使皆畜力養鋭譬之積水俟其盈滿充溢而後乘怒急决之則其勢并力驟至於崩山漂石而未已昔李牧備邊日以牛酒享士士皆樂爲一戰而牧屢抑止之至其不可禁遏而始奮威并出若不得已而後從之是以一戰而破強胡今我食既足我威既盛我怒既深我師既逸

我守既堅我氣既銳則是周悉萬全而所謂不可勝者既在於我矣由是我足則虜日以匱我盛則虜日以衰我怒則虜日以曲我逸則虜日以勞我堅則虜日以虛我銳則虜日以鈍索情較計必將疲罷奔逃然後用奇設伏悉師振旅出其所不趨趨其所不意迎邀夾攻首尾橫擊是乃以足當匱以盛敵衰以怒加曲以逸擊勞以堅破虛以銳攻鈍所謂勝於萬全立於不敗之地而不失敵之敗者也右臣所陳非有奇特出人之見固皆兵家之常談今之為將者之所共見也但今邊關將帥雖或知之而不能行類皆視

爲常談漫不加省勢有所軼則委於無可奈何事憚煩難則爲因循苟且是以玩習弛廢一至於此　陛下不忽其微乞　勅兵部將臣所奏熟議可否轉行提督等官即爲斟酌施行毋使視爲虛文務欲責以實效庶於軍機必有少補臣不勝爲　國惓惓之至

乞　宥言官去權姦以章　聖德疏　正德元年時官兵部主事

臣聞君仁則臣直大舜之所以聖以能隱惡而揚善也臣邇者竊見　陛下以南京戶科給事中戴銑等上言時事特　勅錦衣衛差官校拿解赴京臣不知

所言之當理與否意其間必有觸冒忌諱上干雷霆之怒者但以銑等職居諫司以言爲責其言而善自宜嘉納施行如其未善亦宜包容隱覆以開忠讜之路乃今赫然下令遠事拘囚在　陛下之心不過少示懲創使其後日不敢輕率妄有論列非果有意怒絶之也下民無知妄生疑懼臣切惜之今在廷之臣莫不以此舉爲非宜然而莫敢爲　陛下言者豈其無憂國愛君之心哉懼　陛下復以罪銑等者罪之則非惟無補於國事而徒足以增　陛下之過舉耳然則自是而後雖有上關　宗社危疑不制之事

陛下孰從而聞之　陛下聰明超絕苟念及此寧不寒心況今天時凍沍萬一差去官校督束過嚴銑等在道或致失所遂塡溝壑使　陛下有殺諫臣之名興羣臣紛紛之議其時　陛下必將追咎左右莫有言者則旣晚矣伏願　陛下追收前旨使銑等仍舊供職擴太公無我之仁明改過不吝之勇　聖德昭布遠邇人民胥悅豈不休哉臣又惟君者元首也臣者耳目手足也　陛下思耳目之不可使壅塞手足之不可使痿痺必將惻然而有所不忍臣承乏下僚僭言實罪伏覩　陛下明旨有政事得失許諸人直

言無隱之條故敢昧死爲 陛下一言伏惟俯垂省察不勝干冒戰慄之至

諫迎佛䟽稿具未上

臣自七月以來切見道路流傳之言以爲 陛下遣使外夷遠迎佛教群臣紛紛進 諫皆斥而不納臣始聞不信旣知其實然獨竊喜幸以爲此乃 陛下聖智之開明善端之萌櫱群臣之諫雖亦出於忠愛至情然而未能推原 陛下此念之所從起是乃爲善之端作聖之本正當將順擴充遡流求原而乃狃於世儒崇正之説徒爾紛爭力沮宜乎 陛下之有

所拂而不受忽而不省矣愚臣之見獨異於是乃惟恐　陛下好佛之心有所未至耳誠使　陛下好佛之心果已眞切懇至不徒好其名而必務得其實不但好其末而必務求其本則堯舜之聖可至三代之盛可復矣豈非天下之幸　宗社之福哉臣請爲陛下言其好佛之實　陛下聰明聖知昔在青宮固已播傳四海即位以來偶值多故未暇講求五帝三王神聖之道雖或時過　經筵儒臣進説不過日襲故事就文敷衍與談之間豈能遽有所開發　陛下聽之以爲聖賢之道不過如此則亦有何可樂故漸

移志於騎射之能縱心於遊觀之樂蓋亦無所用其
聰明施其才力而偶託寄於此 陛下聰明豈固遂
安於是而不知此等皆無益有損之事也哉馳逐困
憊之餘夜氣清明之際固將厭倦日生悔悟日切而
左右前後又莫有以神聖之道爲 陛下言者故遂
遠思西方佛氏之教以爲其道能使人清心絶欲求
全性命以出離生死又能慈悲普愛濟度群生去其
苦惱而躋之快樂今災害日興盜賊日熾財力日竭
天下之民困苦已極使誠身得佛氏之道而拯救之
豈徒息精養氣保全性命豈徒一身之樂將天下萬

民之困苦亦可因是而蘇息故　遂特降　綸音發幣遣使不憚數萬里之遥不愛數萬金之費不惜數萬生靈之困斃不厭數年往返之遲久遠迎學佛之徒是蓋　陛下思欲一洗舊習之非而幡然於高明光大之業也　陛下試以臣言反而思之　陛下之心豈不如此乎然則　聖知之開明善端之萌蘖者亦豈過爲諛言以佞　陛下哉　陛下好佛之心誠至則臣請毋好其名而務得其實毋好其末而務求其本　陛下誠欲得其實而求其本則請毋求諸佛而求諸聖人毋求諸外夷而求諸中國此又非臣之苟

爲遊說之談以誑 陛下臣又請得而備言之夫佛
者夷狄之聖人聖人者中國之佛也在彼夷狄則可
用佛氏之教以化導愚頑在我中國自當用聖人之
道以參贊化育猶行陸者必用車馬渡海者必以舟
航今居中國而師佛教是猶以車馬渡海雖使造父
爲御王良爲右非但不能利涉必且有沉溺之患夫
車馬本致遠之具豈不利器乎然而用非其地則技
無所施 陛下若謂佛氏之道雖不可以平治天下
或亦可以脫離一身之生死雖不可以參贊化育而
時亦可以導群品之嚚頑就此二說亦復不過得吾

聖人之餘緒　陛下不信則臣請比而論之臣亦切嘗學佛最所尊信自謂悟得其蘊奧後乃窺見聖道之大始遂棄置其說臣請毋言其短言其長者夫西方之佛以釋迦爲最中國之聖人以堯舜爲最臣請以釋迦與堯舜比而論之夫世之最所崇慕釋迦者莫尚於脫離生死超然獨存於世今佛氏之書具載始末謂釋迦住世說法四十餘年壽八十二歲而沒則其壽亦誠可謂高矣然舜年百有十歲堯年一百二十歲其壽比之釋迦則又高也佛能慈悲施捨不惜頭目腦髓以救人之急難則其仁愛及物亦誠可

謂至矣然必苦行於雪山奔走於道路而後能有所濟若堯舜則端拱無爲而天下各得其所惟克明峻德以親九族則九族既睦平章百姓則百姓昭明協和萬邦則黎民於變時雍極而至於上下草木鳥獸無不咸若其仁愛及物比之釋迦則又至也佛能方便說法開悟群迷戒人之酒止人之殺去人之貪絕人之嗔其神通妙用亦誠可謂大矣然必耳提面誨而後能若在堯舜則光被四表格于上下其至誠所運自然不言而信不動而變無爲而成蓋與天地合其德與日月合其明與四時合其序與鬼神合其吉

凶其神化無方而妙用無體比之釋迦則又大也若乃詛呪變幻眩怪捏妖以欺惑愚冥是固佛氏之所深排極詆謂之外道邪魔正與佛道相反者不應好佛而乃好其所相反求佛而乃求其所排詆者也
陛下若以堯舜既沒必欲求之於彼則釋迦之亡亦已久矣若謂彼中學佛之徒能傳釋迦之道則吾中國之大顧豈無人能傳堯舜之道者乎 陛下未之求耳 陛下試求大臣之中苟其能明堯舜之道者日日與之推求講究乃必有能明神聖之道致 陛下於堯舜之域者矣故臣以爲 陛下好佛之心誠

至則請毋好其名而務得其實毋好其末而務求其本務得其實而求其本則請毋求諸佛而求諸聖人毋求諸夷狄而求諸中國者果非妄爲遊說之談以誑　陛下者矣　陛下而果能以好佛之心而好聖人以求釋迦之誠而求諸堯舜之道則不必涉數萬里之遥而西方極樂只在目前則不必糜數萬之費斃數萬之命歷數年之久而一塵不動彈指之間可以立躋聖地神通妙用隨形隨足此又非臣之繆爲大言以欺　陛下必欲討究其說則皆鑿鑿可證之言孔子云我欲仁斯仁至矣一日克己復禮而天下

歸仁孟軻云人皆可以爲堯舜豈欺我哉 陛下反而思之又試以詢之大臣詢之群臣果臣言出於虛繆則甘受欺妄之戮臣不知 諱忌伏見 陛下善心之萌不覺踴躍喜幸輒進其將順擴充之說惟陛下垂察則 宗社幸甚天下幸甚萬世幸甚臣不勝祝望懇切殞越之至專差舍人某具疏奏上以聞

申明賞罰以厲人心疏 十二年五月初八日

據江西按察司整飭兵備帶管分巡嶺北道副使楊璋呈伏覩 大明律內該載失誤軍事條領兵官已

承調遣不依期進兵策應若承差告報軍期而違限因而失誤軍機者並斬從軍違期條若軍臨敵境託故違期三日不至者斬主將不固守條官軍臨陣先退及圍困敵城而逃者斬此皆罰典也及查得原擬直隸山東江西等處征勦流賊陞賞事例一人幷二人爲首就陣擒斬以次劇賊一名者五兩二名者十兩三名者陞實授一級不願者賞十兩陣亡者陞一級俱世襲不願者賞十兩擒斬從賊六名以上至九名者止陞實授二級餘功加賞不及六名除陞一級之外扣筭賞銀三人四人五人以上共擒斬以次劇

賊一名者賞銀十兩均分從賊一名者賞五兩均分領軍把總等官自斬賊級不准陞賞部下獲功七十名以上者陞署一級五百名者陞實授一級不及數者量賞一人捕獲從賊一名者賞銀四兩二名者賞八兩三名者陞一級以次劇賊一名者陞署一級俱不准世襲不願者賞五兩此皆賞格也賞罰如此宜乎人心激勸功無不立然而有未能者蓋以賞罰之典雖備然罰典止行於叅提之後而不行於臨陣對敵之時賞格止行於大軍征剿之日而不行於尋常用兵之際故也且以嶺北一道言之四省連絡盜賊

淵藪近年以來如賊首謝志珊高快馬黃秀魁池大鬢之屬不時攻城掠鄉動輒數千餘徒每每督兵追剿不過遥爲聲勢俟其解圍退散卒不能取决一戰者以無賞罰爲之激勸耳合無申明賞罰之典今後但遇前項賊情領兵官不拘軍衛有司所領兵衆有退縮不用命者許領兵官軍前以軍法從事領兵官不用命者許總統兵官軍前以軍法從事所統兵衆有能對敵擒斬功次或赴敵陣亡從實開報覆勘是實轉達奏聞一體陞賞至如生擒賊徒鞫問明白即時押赴市曹斬首示衆庶使人知警畏亦與見行事

例決不待時無相悖戾如此則賞罰既明人心激勵盜賊生發得以即時撲滅糧餉可省事功可見矣具呈到臣卷查三省盜賊二三年前總計不過三千有餘今據各府州縣兵備守備等官所報已將數萬蓋已不啻十倍於前臣嘗深求其故詢諸官僚訪諸父老采諸道路驗諸田野皆以爲盜賊之日滋由於招撫之太濫招撫之太濫由於兵力之不足兵力之不足由於賞罰之不行誠有如副使楊璋所議者臣請因是爲

陛下畧言其故盜賊之性雖皆兇頑固亦未嘗不畏誅討夫惟爲之而誅討不及又從而招撫

之然後肆無所忌蓋招撫之議但可偶行於無辜脅從之民而不可常行於長惡怙終之寇可一施於回心向化之徒而不可屢施於隨招隨叛之黨南贛之盜其始也被害之民恃官府之威令猶或聚衆而與之角鳴之於官而有司者以爲旣招撫之則皆置之不問盜賊習知官府之不彼與也益從而讐脅之民不任其苦知官府之不足恃亦遂靡然而從賊由是盜賊益無所畏而出劫日頻知官府之必將已招也百姓益無所恃而從賊日衆知官府之必不得爲已地也夫平民有冤苦無伸而盜賊乃無求不遂爲民

者困征輸之劇而爲盜者獲犒賞之勤則亦何苦而不彼從乎是故近賊者爲之戰守遠賊者爲之鄉導處城郭者爲之交援在官府者爲之間諜其始出於避禍其卒也從而利之故曰盜賊之日滋由於招撫之太濫者此也夫盜賊之害神怒人怨孰不痛心而獨有司者必欲招撫之亦豈得已哉誠使强兵悍卒足以殲渠魁而蕩巢穴則百姓之憤雪地方之患除功成名立豈非其所欲哉然而南贛之兵素不練養類皆脆弱驕惰每遇征發追呼拘攝旬日而始集約束齎遣又旬日而始至則賊已稇載歸巢矣或猶遇

其未退望賊塵而先奔不及交鋒而已敗以是禦寇猶驅群羊而攻猛虎也安得不以招撫為事乎故凡南贛之用兵不過文移調遣以苟免坐視之罰應名勦捕聊為招撫之媒求之實用斷有不敢何則兵力不足則勦捕未必能克勦捕不克則必有失律之咎則必征調日繁督責日至糾舉論劾者四面而起往往坐視而至於落職敗名者有之招撫之策行則可以安居而無事可以無調發之勞可以無戴罪殺賊之責無地方多事不得遷轉之滯夫如是孰不以招撫為得計是故寧使百姓之荼毒而不敢出一卒以抗

方張之虜寧使孤兒寡婦之號哭顛連疾苦之無告而不敢提一旅以忤投招之賊蓋招撫之議其始也出於不得已其卒也遂守以爲常策故曰招撫之太濫由於兵力之不足者此也古之善用兵者驅市人而使戰收散亡之卒以抗強虜今南贛之兵尚足以及數千豈盡無可用乎然而金之不止鼓之不進未見敵而亡不待戰而北何者進而效死無爵賞之勸退而奔逃無誅戮之及則進有必死而退有幸生也何苦而求必死乎吳起有云法令不明賞罰不信雖兵百萬何益於用凡兵之情畏我則不畏敵畏敵則

不畏我今南贛之兵皆畏敵而不畏我欲求其用安可得乎故曰兵力之不足由於賞罰之不行者此也今　朝廷賞罰之典固未嘗不具但未申明而舉行耳古者賞不踰時罰不後事過時而賞與無賞同後事而罰與不罰同況過時而不賞後事而不罰其亦何以齊一人心而作興士氣是雖使韓白爲將亦不能有所成況如臣等腐儒小生才識昧劣而素不知兵者亦復何所冀乎議者以南贛諸處之賊連絡數郡蟠據四省非奏調狼兵大舉夾攻恐不足以掃蕩巢穴是固一說也然臣以爲狼兵之調非獨所費不貲

兼其所過殘掠不下於盜大兵之興曠日持久聲勢彰聞比及舉事諸賊渠魁悉已逃遯所可得者不過老弱脅從無知之氓於是乎有橫罹之慘於是乎有妄殺之弊班師未幾而山林之間復已呼嘯成群此皆往事之已驗者臣亦近揀南贛之精銳得二千有餘部勒操演畧有可觀誠使得以大軍誅討之賞罰而行之平時假臣等以便宜行事不限以時而惟成功是責則比於大軍之舉臣竊以爲可省半費而收倍功臣請以近事證之臣於本年正月十五日抵贛卷查兵部所咨申明律例今後地方但有草賊生發

事情緊急該管官司即便依律調撥官軍乘機剿捕應合會捕者亦就調發策應但係軍情火速差人申奏敢有遲延隱匿巡撫巡按三司官即便叅問依律罷職充軍等項發落雖不係聚衆草賊但係有名強盜肆行刼掠賊勢兇惡或白晝攔截或明火持杖不拘人數多少一面設法緝捕即時差人申報合干上司并具申本部知會處置如有仍前朦朧隱蔽不即申報以致聚衆滋蔓貽患地方從重叅究决不輕貸等因題奉　欽依備行前來時以前官久缺未及施行臣即刊印數千百紙通行所屬布告遠近未及一

月而大小衙門以賊情來報者接踵亦遂屢有斬獲一二人或五六人七八人者何者兵得隨時調用而官無觀望掣肘則自然無可推託逃避思効其力由此言之律例具存前此惟不申明而舉行耳今使賞罰之典悉從而申明之其獲效亦未必不如是之速也伏望　皇上念盜賊之日熾哀民生之日蹙憫地方荼毒之愈甚痛百姓寃憤之莫伸特　勑兵部俯采下議特假臣等　令旗令牌使得便宜行事如是而兵有不精賊有不滅臣等亦無以逃其死夫任不專權不重賞罰不行以致於僨軍敗事然後選重臣

假以總制之權而往拯之縱善其後已無救於其所失矣臣才識淺昧且體弱多病自度不足以辦此行從　陛下乞骸骨苟全餘喘於林下但今方待罪於此心知其弊不敢不爲　陛下盡言　陛下從臣之請使後來者得效其分寸收討賊之功臣亦得以少追死罪於萬一緣係申明賞罰以勵人心事理爲此具本請　旨

攻治盜賊二策疏　十二年五月二十八日

據江西按察司整飭兵備帶管分巡嶺北道副使楊璋呈奉臣批據南安府申大庾縣報正德十二年四

月內被輋賊四百餘人前來打破下南等寨續被上
猶橫水等賊七百餘徒截路打寨刼殺居民又據南
康縣報輋賊一夥突來龍句保虜刼居民續被輋賊
三百餘徒突來坊民郭加瓊等家擄捉男婦八十餘
口耕牛一百餘頭又有輋賊一陣虜刼上長龍鄉耕
牛三百餘頭男婦子女不知其數又據上猶縣申被
橫水等村輋賊糾同逃民四散虜刼人財續據三門
總甲蕭俊報輋賊與逃民約有數百在於地名梁灘
虜牽人牛本月十六日准本縣捕盜主簿利昱牒報
輋賊刼打頭里茶坑等處駐劄未散已關統兵官縣

丞舒富等前去追剿賊已退回橫水等巢去訖各申本院批兵備道議處回報案照四月初五日據南康府呈同前事彼時本院見在福建漳州督兵未回未知前賊向往行查未報續據龍南縣禀稱廣東浰頭等處強賊池大鬢等三千餘徒突來攻圍總甲王受寨所又經會委義官蕭承調兵前去會剿隨據本縣呈前賊退去訖等因又查得先據南康縣申稱上猶賊首謝志珊糾合廣東賊首高快馬統衆二千餘徒攻圍南康縣治殺損官兵已經議委知府邢珣等查勘失事緣由呈報外續該兵部題咨巡撫都御史孫

燧會同南贛都御史王守仁將前項賊犯謝志珊等
量調官軍設法勦捕務期盡絕應該會同兩廣鎮廵
官行事照例約會施行題奉　欽依轉行查勘前賊
見今有無出沒及曾否集有兵糧相度機宜即今可
否勦捕惟復應會兩廣調集軍馬待時而動務要查
議明白處置停當具由呈報仍督各該地方牢固把
截用心防守以備不虞等因隨奉本院案驗議照前
賊連絡三省盤據千里必須三省之兵剋期並進庶
可成功但今湖廣已有偏橋苗賊之征廣東又有府
江徭獞之伐雖欲約會夾攻目今已是春深雨水連

綿草木茂盛非惟緩不及事抑且虛糜糧餉合無一
面募兵練武防守預嚴積穀貯糧軍需大備告招者
俯順其情暫且招安肆惡者乘其間隙量擣其穴候
三省約會停當然後大舉庶有備無患事出萬全通
行呈詳去後今奉前因隨會同分守左參議黃宏守
備都指揮同知王泰查勘得南安府所屬大庾南康
上猶三縣除賊巢小者未計其大者總計三十餘處
有名大賊首有謝志珊志海志全楊積榮賴文英藍
瑆陳曰能蔡積昌賴文聰劉通劉受蕭居謨陳尹誠
簡永廣蔡積慶蔡西薛文高洪祥徐華張祥劉清才

譚曰真蘇景祥藍清奇朱積厚黃金瑞藍天鳳藍文亨鍾鳴　鍾法官王行雷明聰唐洪劉元滿所統賊衆約有八千餘徒且與湖廣之桂陽桂東魚黃聶水老虎神仙秀才等巢廣東之樂昌巢穴相聯盤據流刼三省爲害多年贛州之龍南因與廣東之龍川浰頭賊巢接境被賊首池大鬢大安大升糾合龍南賊首黃秀魁賴振禄鍾萬光王金巢鍾萬貴古興鳳陳倫鍾萬璇杜思碧孫福榮黃萬珊黃秀珏羅積善王金曾子柰王金柰王洪羅鳳璇黎用璇黃本瑞鄭文鉞陳秀玹陳珪劉經藍斌黃積秀等所統賊衆約有

五千餘徒不時越境流刼信豐龍南安遠等縣已經夾攻三次俱被漏網所據前賊占據居民田土數千萬頃殺虜人民尤難數計攻圍城池敵殺官兵焚燒屋廬姦汙妻女其爲荼毒有不忍言神人之所共怒天討所當必加者也今聞廣湖二省用兵將畢夾攻之舉亦惟其時但深山茂林東奔西竄兼之本道兵糧寡弱必須那借京庫折銀三萬餘兩動調狼兵數千前來協力約會三省並進夾攻庶可噍類無遺等因又據廣東樂昌縣知縣李增稟稱本年二月内有東山賊首高快馬等八百餘徒在地名櫃頭村行刼

又據乳源縣禀報賊徒千餘在洲頭街等處打刼備申照詳及據湖廣整飭郴桂等處兵備副使陳璧呈稱本年二月内據黄砂保走報廣東強賊三百餘徒突出攻刼又據宜章所飛報樂昌縣山峒苗賊二千餘衆出到九陽等處搜山捉人未散又報東西二山首賊發票會集四千餘徒聲言要出桂陽等處攻城又報江西長流等峒輋賊六百餘徒又一起四百餘徒各出刼掠及據桂東縣申報強賊一起七百餘徒前到本縣殺人祭旗捉擄男婦未散又據桂陽縣報強賊六百餘徒聲言要來攻寨等因各禀報到道看

得前項苗賊四山會集報到之數將及萬餘我兵寡弱防守尚且不足敵戰將何以支况郴桂所屬永興等縣原無城池防守地方重計實難爲處伏望軫念荼毒請軍追捕等因又據郴州桂陽縣申本縣四面俱係賊巢正德三年以來賊首龔福全等作耗殺死守備都指揮鄧旻雖蒙征剿惡黨猶存正德七年兵備衙門計將賊首龔福全招撫給與冠帶設爲徭官賊首高仲仁李實黎穩梁景聰扶道全劉付興李玉景陳賓李聰曹求通謝志珊給與衣巾設爲老人未及兩月已出要路刼殺軍民動輒百千餘徒號稱高

快馬遊山虎金錢豹過天星密地蜂總兵等名目隨
處流刧正德十一年七月内龔福全張打旗號僣稱
延溪王李賓黎穩梁景聰僣稱總兵都督將軍名目
各穿大紅虜民擡轎展打凉傘擺列頭踏響器其餘
徭賊俱乘馬匹千數餘徒出刧樂昌及江西南康等
縣拒敵官軍後蒙撫諭將賊首高仲仁李賓給與冠
帶重設徭官未寧半月仍前出刧本年正月十六日
一起八百餘徒出刧樂昌縣虜捉知縣韓宗堯刧庫
刧獄又一起七百餘徒打刧生員譚明浩家一起六
百餘徒從老虎等峒出刧一起五百餘徒從興寧等

縣出劫切思前賊陽從陰背隨撫隨叛目今徑賊萬餘聚集山峒聲言要造呂公大車攻打州縣城池官民徬徨呈乞轉達請調三省官軍夾勦等情各備申到臣除備行江西廣東湖廣三省該道守巡兵備守備等官嚴督各該府州縣所掌印巡捕巡司把隘隄備等官起集兵快人等加謹防禦相機截捕去後查得先因地方盜賊日熾民被荼毒竊計兵力寡弱既不足以防遏賊勢事權輕撓復不足以齊一人心乞要申明賞罰假臣等 令旗令牌使得便宜行事庶幾舉動如意而事功可成已經具題間今復據各呈

申前因臣等參看得前項賊徒惡貫已盈神怒人怨譬之疽癰之在人身若不速加攻治必至潰肺决腸然而攻治之方亦有二說若　陛下假臣等以賞罰重權使得便宜行事期於成功不限以時則兵衆既練號令既明人知激勵事無掣肘可以伸縮自由相機而動一寨可攻則攻一寨一巢可撲則撲一巢量其罪惡之淺深而為撫剿度其事勢之緩急以為後先如此亦可以省供饋之費無征調之擾日剪月削使之漸盡灰滅此則如昔人拔齒之喻日漸動搖齒拔而兒不覺者也然而今此下民之情莫不欲大舉

夾攻以快一朝之忿蓋其怨恨所激不復計慮其他必須南調兩廣之狼達西調湖湘之土兵四路並進一皷成擒庶幾數十年之大患可除千萬人之積寃可雪然此以兵法十圍五攻之例計賊二萬須兵十萬日費千金殆於道路不得操事者七十萬家積粟料財數月而事始集刻期舉謀又數月而兵始交聲迹彰聞賊强者設險以拒敵黠者挾類而深逃迨於鋒刃所加不過老弱脅從且狼兵所過不減於盜轉輸之苦重困於民近年以來江西有姚源之役瘡痍甫起福建有汀漳之寇軍旅未旋府江之師方集於

兩廣偏橋之討未息於湖湘兼之杼軸已空種不入土而營建所輸四征未已誅求之刻百出方新若復加於大兵民將何以堪命此則一拔去齒而兒亦隨斃者也夫由前之說則如臣之昧劣實懼不足以堪事必擇能者任之而後可若大舉夾攻誠可以分咎而薄責然臣不敢以身謀而廢國議惟 陛下擇其可否斷而行之緣係地方緊急賊情事理爲此具本

請旨

乞休致疏 正德十三年三月初四日

臣以非才遭逢 明盛荷蒙 陛下滌垢掩瑕曲成

器使既寬尸素之誅復冐清顯之職增其禄秩假以賞罰念其行事之難授以提督之任言行計聽感激深恩每思捐軀以效犬馬柰何才蹇福薄志欲前而力不逮功未就而病巳先臣自待罪鴻臚即嘗以病求退後懼託疾避難之誅輙復黽勉來此驅馳兵革侵染瘴癘晝夜憂勞疾患愈困自去歲二月往征閩寇五月旋師六月至於九月俱有地方之警十月攻横水十一月破桶岡十二月旋師未幾今年正月又復出剿浰賊前後一歲有餘往來二三千里之内上下溪澗出入險阻皆扶病從事然而不敢輙以疾辭

者誠以　朝廷初申賞罰之情再下提督之命惟恐
付託不効以辜　陛下聽納之明負大臣薦揚之舉
且其時盜賊方熾坐視民之荼毒而以罪累後人非
仁也已逃其難而遺人以艱非義也徒有其言而事
之不酧非忠也故寧委身以待罪忍死以効職今賴
陛下威德　廟堂成算上猶南康之賊既已掃蕩而
浰寇殘黨亦復不多旬日之間度可底定決不至於
重遺後患則臣之罪責亦既可以少逭於萬一但惟
臣病月深日亟百療罔效潮熱咳嗽瘡疽癰腫手足
麻痺已成廢人昔人所謂縣弱之才不堪任重福薄

之人難與成功二者臣皆有焉伏惟　陛下覆載生成不忍一物失所憫臣輿疾討賊所備嘗之苦哀臣忍死待罪不得已之情念福薄之有限憐疢瘵之無期准令旋師之日放歸田里豈曰保全餘息尚圖他日之效苟遂丘首臣亦感　恩地下能忘含結之報乎臣不勝哀懇祈望之至

浰頭捷音疏　十三年四月二十日

據江西按察司分巡嶺北道兵備副使楊璋呈據一哨統兵守備南贛二府地方以都指揮體統行事指揮使郟文呈稱統領安遠縣義民孫洪舜等兵於本

年正月初七日攻破曲潭等巢十一日攻破半逕等巢共五處二月二十六日與賊戰於水源等處擒斬大賊首吳積祥陳秀謙張秀鼎等七名顆賊從陳希九等一百二十六名顆俘獲賊屬男婦五十六名口燒毀賊巢房屋禾倉二百五十三間及奪獲械器等物二哨統兵贛州府知府邢珣呈稱督同同知夏克義知縣王天與典史梁儀老人葉秀芳等官兵於正月初七日等日攻破芳竹湖等巢初九日攻破黃田坳等巢共四處二十五等日覆賊於白沙二月十六日與賊戰於芳竹湖等處擒斬大賊首黃佐張廷和

王鑾師劉欽等一十名顆賊從黃宻等二百六十名顆俘獲賊屬男婦八十三名口燒毀賊巢房屋禾倉二百二十二間及奪獲賊仗牛馬等項三哨領兵廣東惠州府知府陳祥呈稱督同通判徐璣新民盧琢等官兵於正月初七等日攻破熱水等巢初九等日攻破鐵石障等巢共五處二十五等日覆賊於五花障等處二月初二等日與賊戰於和平等處擒斬大賊首陳活雞黃弘閏張玉林等十一名顆賊從李廷祥四百三十一名顆俘獲賊屬男婦二百二十名口燒毀賊巢房屋禾倉五百七十二間及奪獲器械賊

銀牛馬等項四哨統兵南安府知府季斅呈稱統領訓導藍鐸百長許洪等官兵於正月初三等日攻破右坑等巢十一日攻破新田逕等巢共四處二十七等日覆賊於北山又與戰於風門奥等處擒斬大賊首劉成珍等四名顆賊從胡貴琢等一百三十名顆俘獲賊屬男婦一百六十五名口燒毀賊巢房屋禾倉七十三間及奪獲贓銀等物五哨統兵贛州衛指揮僉事余恩呈稱統領新民百長王受黄金巢等兵於正月初七日會同推官危壽千戶孟俊攻破上中下三浰大巢十一日攻破空背等巢共四處二十五

日覆賊於銀坑水等處擒斬大賊首賴振禄王貴洪
李全鄒一惟等九名顆賊從賴賊仔等三百五十名
顆俘獲賊屬男婦六十二名口燒毀賊巢房屋禾倉
三百二十一間及奪獲器械牛馬等項六哨統兵贛
州衛指揮僉事姚璽呈稱統領新民梅南春等兵於
正月初七日攻破淡方等巢初九日攻破岑岡等巢
共四處二十七日覆賊於烏虎鎮擒斬大賊首謝鑾
曾用奇等五名顆賊從盧任龍一百九十九名顆俘
獲賊屬男婦一百一十二名口燒毀賊巢房屋禾倉
三百七十間及奪獲器械牛馬等項七哨統兵贛州

府推官危壽呈稱統領義官葉方等兵於正月初七日會同指揮余恩千戶孟俊攻破上中下三浰大巢初十等日攻破鎮里寨等巢共四處二十七日覆賊於中村等處擒斬大賊首池仲寧高允賢池仲安朱萬林根等十二名顆賊從黃穩等二百一十一名顆俘獲賊屬男婦三十三名口燒毁賊巢房屋禾倉三百二十三間及奪獲贓仗牛馬等項八哨統兵贛州衛千戶孟俊呈稱統領義官陳英鄭志高新民盧珂等兵於正月初七等日會同指揮余恩推官危壽攻破上中下三浰大巢初十等日攻破大門山等巢共

六處擒斬大賊首謝鳳經吳宇張廷輿石榮等九名顆賊從張角子等一百九十二名顆俘獲賊屬男婦一百四十三名口燒毀賊巢房屋禾倉一百七十三間及奪獲器械牛馬贓銀等項九哨統兵南康縣縣丞舒富呈稱統領義民趙志標等兵於正月十一等日攻破旗嶺等巢共二處二月十四日與賊戰於乾村等處擒斬賊從劉三等一百七名顆俘獲賊屬男婦二十一名口燒毀賊巢房屋禾倉五十三間及奪獲器械等物等因各呈報到道查得先爲地方緊急賊情事據信豐縣所呈稱正德十二年二月初七日

龍南縣賊首黃秀魁糾合廣東賊首池仲容等突來本縣殺人放火見今攻城不退乞要發兵救援等因該本道議委經歷王祚縣丞舒富領兵剿捕斬獲賊級四顆被賊殺死報効義士楊習舉等十名執去經歷王祚隨該本道親詣該縣暫將各賊招安發回原巢經歷王祚送出參將失事知縣王天爵盧鳳千戶鄭鐸朱誠洪恩主簿周鎮鎮撫劉鐙等俱各有罪及將前賊應剿緣由呈詳轉達具 奏外正德十三年正月初三日奉提督軍門紙牌議照上猶等縣賊巢既平廣東龍川縣浰頭等處賊巢奉有 成命應該

會剿其大賊首池仲容等本院已行計誘擒獲見今
軍勢頗振若不乘此機會出其不意擣其不備坐視
待廣兵之來未免有失事機之會本院除遵奉　勑
諭内自行量調官軍設法剿捕事理部勒兵衆分布
哨道行仰守備指揮并知府等官邢文陳祥等統領
各授進止方畧外備行本職前去軍前紀驗功次及
催各哨官兵上緊依期進剿仍行巡按衙門前來覈
實施行等因隨呈巡按江西監察御史屠僑批行本
道先行紀驗明白通候覈實施行依奉督率各省官
兵依期進剿去後今據前因除將前項功次俱類巡

按衙門會審紀驗明白生擒賊犯解赴提督軍門斬首梟示賊屬男婦變賣銀兩器械贓仗贓銀俱貯庫外參照浰頭大賊首池仲容池仲寧池仲安高允賢李全等盤據一方歷有歲年僭稱王號僞設官職廣東翁源龍川始興江西龍南信豐安遠會昌等縣屢被攻圍城池殺害官軍焚燒村寨虜殺男婦歲無虛日曾經狼兵夾攻數次俱被漏網是乃衆賊奸雄之巨擘三省群盜之根源也今幸天奪其魄仲容束首就擒仲寧仲安等一時授首各巢賊從擒斬殆盡此皆仰仗 朝廷德威遠播廟堂成算無遺提督軍門

賞罰以信而號令嚴明師出以律而機宜愼密身先士卒而艱險之不辭洞見敵情而撫剿之有道以是數十年之巨寇一旦削平連四省之編氓永期安輯呈乞照詳轉達等因據呈到臣卷查先爲地方急緊賊情事准兵部咨該巡按江西監察御史屠僑奏該本部覆題節奉　聖旨是這地方賊情着都御史王守仁自行量調官軍設法剿捕欽此及爲申明賞罰以勵人心事准兵部覆題請　勅南贛等處都御史假以提督軍務名目給與旗牌應用以振軍威一應軍馬錢糧事宜徑自便宜區畫如遇盜賊入境即便

調兵勦殺不許踵襲舊弊招撫重爲民患所部官軍若在軍前違期逗遛退縮俱聽以軍法從事生擒盜賊亦聽斬首示衆賊級聽本處兵備會同該道守巡官即時紀驗明白備行江西按察司造册奏繳查照勦殺南方蠻賊見行舊例議擬陞賞等因具題奉
聖旨是王守仁着提督南贛汀漳等處軍務換勑與他其餘事宜各依擬行欽此又爲地方緊急賊情事准兵部覆題看得所奏攻治盜賊二說就令差來人賫文交與都御史王守仁悉依前項申明賞罰事理便宜行事期於功成不限以時相機攻勦等因具題

節該奉　聖旨是欽此陸續備咨到臣俱經通行撫
屬四省各道守巡兵備守備等官一體欽遵幷咨總
督兩廣左都御史陳金查照外續該臣看得南贛盜
賊其在南安之横水桶岡諸巢則接境於湖郴在贛
州之浰頭岑岡諸巢則連界於閩廣接境於湖郴者
賊衆而勢散恃山谿之險以爲固連界於閩廣者賊
狡而勢聚結黨與之助以相援臣等遵奉　勑諭及
查照兵部咨示方畧初議先攻横水次攻桶岡而末
乃與廣東會兵徐圖浰頭如攻堅木先其易者後其
節目自正德十二年九月臣等議將進兵横木恐浰

賊乘虛出擾思有以沮離其黨臣乃自爲告諭具述禍福利害使報効生員黃表義民周祥等往諭各賊因皆賜以銀布一時賊黨亦多感動各寨酋長黃金巢劉遜劉粗眉溫仲秀等遂皆願從表等出投惟大賊首池仲容即池大鬢獨憤然謂其衆曰我等做賊已非一年官府來招亦非一次此亦何足爲憑待金巢等到官後果無他說我等遣人出投亦未爲晚其時臣等兵力既未能分意且羈縻令勿出爲患故亦不復與較金巢等至臣乃釋其罪推誠厚撫各願出力殺賊立効於是藉其衆五百餘悉以爲兵使從征

橫水十月十二日臣等已破橫水仲容等聞之始懼
計臣等必且以次加兵於是集其酋豪池仲寧高飛
甲等謀使其弟池仲安率老弱二百餘徒亦赴臣所
投招求隨衆立効意在緩兵因而窺覘虛實乘間内
應臣逆知其謀陽許之及臣進攻桶岡使領其衆截
路於上新地以遠其歸途内嚴警禦之備以防其釁
外示寬假之形以安其心陰使人分召鄰賊諸縣被
賊害者皆詣軍門計事旬日之間至者數十間所以
攻巢之策皆以此賊狡計兇悍非比他賊其出刼行
剿皆有深謀人不能測自知惡極罪大　國法難容

故其所以扞拒之備亦極險譎前此兩京夾剿皆狼兵二三萬竟亦不能大捷後雖敗遯所殺傷亦畧相當近年以來奸謀愈熟惡焰益熾官府無可柰何每以調狼兵恐之彼輒謾曰狼兵易與耳縱調他來也須半年我縱避他只消一月其意謂狼兵之來不能速其留不能久也是以益無忌憚今以僭號設官奸計逆謀尤非昔比必欲除之非大調狼兵事恐難濟臣以爲兵無常勢在因敵變化而制勝今各賊狃於故常且謂必待狼兵而後敢攻此所以不必狼兵而可以攻之也乃爲密畫方畧使數十人者各歸部集

候我兵有期則據隘遏賊十一月　賊聞臣等復破桶
岡益懼爲戰守備臣使人至賊所　賜各酋長牛酒以
察其變賊度不可隱則詐稱龍川新民盧珂鄭志高
等將掩襲之是以客爲之防非敢虞官兵也臣亦陽
信其言因復陽怒盧珂鄭志高等　擅兵讐殺移檄龍
川使廉其實且趣各賊伐木開道　將回兵自浰頭取
道往討之賊聞以爲臣等實有爲之之意又恐假道
伐之且喜且懼因遣來謝且言無勞官兵當悉力自
防禦之盧珂鄭志高陳英者皆龍川舊招新民有衆
三千餘遠近皆爲仲容所脅惟此三人者獨與之抗故

賊深讐忌之十二月望臣兵回至南康盧珂鄭志高等各來告變謂池仲容等僭號設官今已點集兵衆號召遂近各巢賊首授以總兵都督等僞官使候三省夾攻之兵一至即同時並舉行其不軌之謀及以僞授盧珂等官爵金龍霸王印信文書一紙粘狀來首臣先已諜知其事及珂等來即陽怒以爲爾等擅兵讐殺投招之人罪已當死今又造此不根之言乘機誣陷且池仲容等方遣其弟領兵報効誠心向化安得有此遂收縛珂等將斬之時池仲安之屬方在營見珂等入首大驚懼至是皆喜羅拜懽呼競訴珂

等罪惡臣因亦陽令具狀謂將并拘其黨屬盡斬之於是遂械繫盧珂而使人密諭以陽怒之意欲以誘致仲容諸賊且使盧珂等先遣人歸集其衆候珂等既還乃發臣又使生員黄表聽選官雷濟徃諭仲容使勿以此自疑密購其所親信陰說之使自來投訴二十日臣兵已還贛乃張樂大享將士下令城中令南安賊巢皆已掃蕩而浰頭新民又皆誠心歸化地方自此可以無虞民久勞苦亦宜暫休爲樂遂散兵使各歸農示不復用而使池仲安亦領衆歸助其兄防守且云盧珂等雖已繫於此恐其黨致怨或掩爾

不虞仲安歸具言其故賊衆皆喜遂弛備臣又使指揮余恩齎曆往賜仲容等令毋撤備以防盧珂諸黨賊衆益喜黃表雷濟因復説仲容令官府所以安輯勞來爾等甚厚何可不親往一謝況盧珂等日夜哀訴反狀乞府官試拘爾等若拘而不至者即可以證反狀之實今若不待拘而往因面訴珂等罪惡官府必益信爾無他而謂珂等爲詐殺之必矣所讎親信者復從力贊仲容然之乃謂其衆曰若要伸先用屈贛州伎倆亦須親往勘破遂定議率其麾下四十餘人自詣贛臣使人探知仲容已就道乃密遣人先行

屬縣勒兵分哨道候報而發又使千戶孟俊先至龍川督集盧珂鄭志高陳英等兵然以道經浰巢恐搖諸賊則別賫一牌以拘捕盧珂等黨屬爲名各賊聞俊徃果遮迎問故俊出牌視之乃皆羅拜相爭導送出境俊已至龍川始發牌部勒盧珂等兵衆賊聞之皆以爲拘捕其屬不復爲意閏十二月二十三日仲容等至贛見各營官兵皆已散歸而街市多張燈設戲爲樂信以爲不復用兵賫賂獄卒私徃覘盧珂等又果械繫深固仲容大喜遣人歸報其屬曰乃今吾事始得萬全矣臣乃夜釋盧珂鄭志高等使馳歸發

兵而令所屬官僚次設牟酒日犒仲容等以緩其歸正月三日度盧珂等已至家所遣屬縣勒兵當已大集臣乃設犒於庭先伏甲士引仲容入并其黨悉擒之出盧珂等所告狀訊鞫皆伏遂寘于獄而夜使人趨發屬縣兵期以初七日同時入巢於是知府陳祥兵從龍川縣和平都入指揮姚璽兵從龍川縣烏虎鎮入千戶孟俊兵從龍川縣平地水入指揮余恩兵從龍南縣高沙保入推官危壽兵從龍南縣南平入知府邢珣兵從龍南縣太平保入守備指揮郟文兵從龍南縣冷水逕入知府季斆兵從信豐縣黃田岡

入縣丞舒富兵從信豐縣烏逕入臣自率帳下官兵從龍南縣冷水逕直擣下浰大巢而使各哨分路同時並進會於三浰先是賊徒得池仲容報謂贛州兵已罷歸皆已弛備散處各巢至是驟聞官兵四路並進皆驚懼失措乃分投出禦而悉其精銳千餘據險設伏併勢迎敵於龍子嶺我兵聚爲三衝犄角而前指揮余恩所領百戶王受兵首與賊遇大戰良久賊敗卻王受等奮追里許賊伏兵四起奮擊王受推官危壽所領義官葉芳兵鼓噪而前復奮擊賊伏兵後千戶孟俊兵從傍繞出岡背橫衝賊伏與王受合兵

於是賊乃大敗奔潰呼聲震山谷我兵乘勝逐北遂克上中下三浰各哨官兵遥聞三浰大巢已破皆奮勇齊進各賊皆潰敗知府陳祥兵遂破熱水巢五花障巢指揮姚璽兵遂破淡方巢石門山巢上下陵巢知府邢珣兵遂破芳竹湖白沙巢守備指揮郟文兵遂破曲潭巢赤唐巢知府季斅兵遂破右坑巢三坑巢是日擒斬首從賊人賊級俘獲賊屬男婦牛馬器仗數多其餘墮崖塡谷死者不可勝計是夜賊復奔聚未破巢穴次日早乃令各哨官兵探賊所往分投急擊初九日知府陳祥兵破鐵石障巢牟角山巢獲

賊首金龍覇王印信旗袍知府邢珣兵破黄田坳巢指揮姚璽兵破岑岡巢指揮余恩兵破塘含洞巢溪尾巢初十日千戶孟俊兵破大門山巢推官危壽兵破鎮里寨巢十一日知府邢珣兵破中村巢守備郟文兵破半逕巢都坑巢尺八嶺巢知府季斆兵破新田逕巢古地巢指揮余恩兵破空背巢縣丞舒富兵破旗嶺巢頓岡巢十三日千戶孟俊兵破狗脚坳巢水晶洞巢五湖巢藍州巢十六日推官危壽兵破風盤巢茶山巢連日各擒斬首從賊人賊級并俘獲賊屬男婦牛馬器仗數多然各巢奔散之賊其精悍者

尚八百餘徒復哨聚九連大山扼險自固當臣看得九連山勢極高横亘數百餘里四面斬絶我兵既不得進而其内東接龍門山後諸處賊巢以百數若我兵進逼賊必奔往其間誘激諸巢相連而起勢益難制然彼中既無把截之兵欲從傍縣潛軍斷其後路必須半月始達緩不及事止有賊所屯據崖壁之下一道可通然賊已據險自上發石滚木我兵百無一全於是乃選精鋭七百餘人皆衣所得賊衣佯若奔潰者乘暮直衝賊所據崖下澗道而過賊以爲各巢敗散之黨皆從崖下招呼我兵亦佯與呼應賊疑不

敢擊已度險遂扼斷其後路次日賊始知爲我兵幷勢衝敵我兵已據險從上下擊賊不能支乃退敗臣度其必潰預令各哨官兵四路設伏以待賊果分隊潛遯二十五日知府陳祥兵覆賊於五花障知府邢珣兵覆賊於白沙指揮余恩兵覆賊於銀坑水二十七日指揮姚璽兵覆賊於烏虎鎮推官危壽兵覆賊於中村知府季斆兵覆賊於北山又戰於風門奥其餘奔散殘黨尚三百餘徒分逃上下坪黄田坳諸處各哨官兵復黏踪會追二月初二日知府陳祥兵復與賊戰於平和初五日復戰於上坪下坪初八日推

官危壽指揮余恩兵復與賊戰於黄坳十二日知府陳祥兵復與賊戰於鐵障山十四日縣丞舒富兵復與賊戰於乾村又戰於梨樹十四日知府邢珣季斆兵復與賊戰於芳竹湖二十三日縣丞舒富兵復與賊戰於北順又戰於和洞二十六日守備郟文兵復與賊戰於水源戰於長吉戰於天堂寨連日擒斬首從賊人賊級數多三月初三日據鄉導人等四路爪探皆以爲各巢積惡兇狡之賊皆已擒斬畧盡惟餘黨張仲全等二百餘徒其間多係老弱及遠近村寨一時爲賊所驅脅從惡未久之人今皆勢窮計迫聚

於九連谷口呼號痛哭誠心投招臣遣報効生員黄袠往驗虚實果如所探因引其甲首張仲全等數人前來投見訴其被脅不得已之情臣量加責治隨遣知府邢珣往撫其衆籍其名數遂安插於白沙初七日據知府邢珣等呈稱我兵自去歲二月從征閩冦迄今一年有餘未獲少休今幸各巢賊已掃蕩餘黨不多又蒙俯順招安況今陰雨連綿人多疾疫兼之農功已動人懷耕作合無俯順下情還師息衆及義官葉芳等并各村鄉居民亦告前情臣因親行相視險易督同副使楊璋知府陳祥等經理立縣設隘可

以久安長治之策留兵防守而歸蓋自本年正月初七日起至三月初八日止前後兩月之間通共搗過巢穴三十八處擒斬大賊首二十九名顆次賊首三十八名顆從賊二千零六名顆俘獲賊屬男婦八百九十名口奪獲牛馬一百二十二隻匹器械贓仗二千八百七十件把贓銀七十兩六錢六分總計擒斬俘獲奪獲共五千九百五十五名顆口隻匹件把俱經行令兵備等官審驗紀録仍行紀功御史覈實施行具由呈報去後今據前因臣等會同江西巡按御史屠僑廣東巡按御史毛鳳参照大賊首池仲容等

荼毒萬民騷擾三省陰圖不軌積有年歲設官僭號罪惡滔天比之上猶諸賊尤爲桀驁難制蓋上猶諸賊雖有僭竊不軌之名而徒惟刼掠焚燒是嗜至於浰頭諸賊雖亦剽刼擄掠是資而實懷僭擬割據之志故其招致四方無籍隱匿遠近妖邪日夜規圖漸成奸計兼之賊首池仲容池仲安等又皆力搏猛虎捷競飛猱兇惡之名久已著聞四方賊黨素所向服是以負固恃頑屢征益熾前此知其無可柰何亦惟苟且招安以幸無事其實無救荼毒之慘益養奸宄之謀今乃臣等驅不練之兵資缺乏之費不踰兩月

而破奸雄不制之虜以除三省數十年之患此非
朝廷威德廟堂成算何以及此臣等切惟天下之事
成於責任之專一而敗於職守之分撓就今事而言
前此嘗夾攻二次計勦數番以兵則前者強而今者
弱前者數萬而今者數千以時則前者期年而今者
兩月以費則前者再倍而今者什一以任事之人則
前者多知謀老練之士而今者乃若臣之迂踈淺劣
然而計功較績顧反有加於昔何哉實由 朝廷之
上明見萬里洞察徃弊處置得宜既假臣以賞罰之
權復改臣以提督之任既以兵忌遥制而重各省專

征之責又慮事或牽狃而抑守臣干預之請授之方畧而不拘以制責其功成而不限以時以故　詔旨一頒而賊先破膽奪氣咨文一布而人皆踴躍爭先効謀者知無沮撓之患而務竟其功希賞者知無侵削之弊而畢致其死是乃所謂得先勝之算於廟堂收折衝之功於樽俎實用兵之要道制事之良法也事每如此天下之治有不足成者矣臣等偶叨任使何幸濫竽成功敢是獻捷之餘拜手稽首以賀伏願

皇上推成功之所自原發縱之有因賡無僭賞以旌始謀及照兵備副使楊璋監軍給餉紀功督戰備歷

辛勤宜加顯擢守備指揮郟文知府陳祥邢珣季斆推官危壽指揮余恩姚璽及千戶孟俊縣丞舒富等皆身親行陳屢立戰功俱合獎擢庶示激揚以爲後勸臣本凡庸謬當重任偶逢事機之會幸免覆餗之誅然功非其才福已踰分遂沾痿痺之疾既成廢棄之人除已別行請罪乞休外緣係捷音及該兵部議擬期於成功不限以時題奉欽依事理爲此具本題知

陽明文録卷第十五

陽明先生文録卷第十六

奏疏二

辭免陞廕乞以原職致仕疏 十三年十六月十八日

臣於六月初六日准兵部咨爲捷音事該臣題該本部覆題節該奉聖旨王守仁陞右副都御史廕子一人做錦衣衛世襲百户寫勑奬勵欽此欽遵臣聞命驚惶莫知攸措感極而懼若墜氷淵切念臣以章句陋儒過蒙朝廷滌瑕掩垢收録於擯棄之餘既又求長於短拔之閒散之中授以巡撫之寄其時臣以抱病在告兩疏乞休偶值前官有託疾避難

之嫌該部論奏之義甚嚴　朝廷督責之旨又切遂不遑他計狼狽就途莅事之後兵耗財匱盜熾民窮縮手四顧莫措一籌　朝廷憫念地方之顛危慮臣才微力弱必致傾僨謂其責任之不專無以連屬人心賞罰之不重無以作興士氣號令之不肅無以督調遠近於是該部議假臣以賞罰　朝廷從而假之以賞罰議給臣以旗牌　朝廷從而給之以旗牌議改臣以提督之任　朝廷從而改之以提督之任授之方畧而不拘以制責其成功而不限以時由是臣以賞罰之柄而激厲三軍之氣以旗牌之重而號召

遠近之兵以提督之權而紀綱八府一州之官吏伸縮如志舉動自由於是兵威漸振賊氣先奪成軍而出一鼓而破横水再鼓而滅桶岡全師克捷振旅復舉又一鼓而破三浰再鼓而下九連皆役不再藉兵無挫刃分遣官屬賫執旗牌以麾督兩廣夾剿之師亦莫不畏威用命咸奏成功由是言之其始促臣之來莅事者該部之議　朝廷之斷也旗牌之能號召者該部之議　朝廷之斷也提督之能紀綱者該部之議　朝廷之斷也方畧之所分布舉動之得展舒者該部之議　朝廷之斷也臣亦何功之有而敢冒

承其賞乎轡之駑駘之馬而得良御齊輯乎轡銜之際而緩急乎脣吻之和內得於人心外合於馬志故雖駑下亦能盡日之力而至百里人見其駑而百里因謂之能不知其能致此皆御馬者驅策之力不然將數里而踣或十數里而止矣馬之疲勞或誠有之而遂以歸功於馬其可乎況臣驅逐之餘疾病交作手足麻痺漸成廢人前在賊巢已嘗具本請罪告病乞休日夜伏候　允報厥幾生還畎畝乃今求退而獲進請咎而蒙賞雖臣貪冒垂涎忍恥苟得其如朝廷賞功之典何伏望　皇上推原功之所始無使

賞有濫及收回　成命臣苟有微勞不加罪戮容令
仍以原職致仕延餘喘於田野如此則　上無濫恩
下無奸賞宣力受任者得免於覆餗之誅量能度分
者獲遂其知止之願臣無任感　恩懼罪懇切祈望
之至

乞放歸田里疏　十四年正月初四日

正德十三年十月初二日准吏部咨該臣奏爲久病
待罪乞　恩休致事奉　聖旨王守仁師師討賊賢
勞懋著偶有微疾着善調理以副委任所辭不允該
部知道欽此備咨欽遵又於本年十二月二十九日

准吏部咨該臣奏爲乞　恩辭免陞廕容照原職致仕事奉　聖旨王守仁才望素著累次剿賊成功陞官廕子宜勉遵成命不准休致該部知道欽此備咨欽遵除已具本謝　恩外竊惟　聖主之任官也因才而器使不強人以其所不能是以上無廢令而下無棄才人臣之受職也量力而承事不強圖其所不任是以言有可底之績而身無鰥曠之誅歷攷往昔蓋未有不如此而可以免於愆謫者也臣以狂愚收録擯廢繆蒙推拔授寄軍旅當時極知叨非其分不敢冐膺辭避未伸而迫於公議倉卒就道既已抵任

則復黽勉從事私計迂怯終將僨敗遭際　聖明德
威振赫扶病策駑仰遵　成筭不意偶能集事苟免
顛覆實皆出於臆料之外然此僥倖之事豈可恃以
爲常者哉　廟堂之上不暇深察其所以增其祿秩
將遂舉而委之人苦不自知耳臣之自量則旣審且
熟深懼戮亡之無日也譬之懦夫駕破敗之舟以涉
險偶遇順風安流幸而獲濟舟中之人旣已狼狽失
措而岸傍觀者尚未之知以爲是或有能焉且將使
之積儲重載衝冒風濤而試洪河大江之中幾何其
不淪溺也已今四方多故　鑾輿遠出大小臣工惶

惺旦暮臣雖鄙劣竭忠效命以死　國事亦其素所刻心安忍託故苟求退遯顧力纖負巨如以蒿支棟撓非其任遂使殞身徒以敗事亦何益矣且臣比年以來百病交攻近因驅馳賊壘瘴毒侵陵嘔吐潮熱肌骨羸削或時昏眩偃几仆地竟日不惺手足麻痺已成廢人又以百歲祖母臥病牀褥切思一見為訣悲苦積鬱神志耗眊視聽恍惚隔宿之事不復記憶以是求延旦夕之生亦已難矣而況使之當職承務從征討之後其將能乎夫豢畜牛羊細事耳亦且求良牧而付之況於軍務重任生靈休戚之所關乃以

疾廢曠瘝之人覆敗之戮臣無足論其如 陛下一方之寄何伏願 陛下念四省關係之大不可委於匪人察病廢枯朽之才不宜付以重任憐桑榆之短景而得少遂其烏鳥之私録犬馬之微勞而使得苟延其螻蟻之息別選賢能委以玆任放臣暫歸田里就醫調治倘存餘喘尚有報 國之日臣不勝感恩待罪懇切哀望之至

飛報寧王謀反疏 十四年六月十九日

正德十四年六月初五日節該欽奉 勅福州三衛軍人進貴等脅衆謀反特命爾暫去彼處地方會同

查議處置叅奏定奪欽此欽遵臣於本月初九日自
贛州啓行至本月十五日行至豐城縣地名黃土腦
據該縣知縣等官顧佖等稟稱本月十四日寧府稱
亂將孫都御史許副使并都司等官殺死巡按及三
司府縣大小官員不從者俱被執縛不知存亡各衙
門印信盡數收去庫藏搬搶一空見監重囚俱行釋
放舟揖蔽江而下聲言直取南京一面分兵北上各
官皆來沮臣不宜輕進其時臣尚未信然逆亂之民
果已四散奔潰人情洶洶臣亦自顧單旅危途勢難
復進方爾回程隨有兵卒千餘已夾江並進前來追

臣偶遇北風大作臣亦張疑設計整舟安行兵不敢逼幸而獲免本月十八日回至吉安府據知府伍文定等禀稱地方無主乞留暫回區畫遠近軍民亦皆遮擁呼號隨據臨江府并新淦豐城奉新等縣各差人飛報寧府遣兵四出攻掠拘收印信及拿掌印官員調取兵快水兊糧船盡被驅脅而去等因臣奉前旨欲遂徑往福建但天下之事莫急於　君父之難若彼順流東下萬一南都失備為彼所襲彼將乘勝北趨旬月之間必且動搖　京輔如此則勝負之筭未有所歸此誠天下安危之大機慮念及此痛心寒

骨義不忍舍之而去故遂入城撫慰軍民督同知府等官伍文定等調集兵糧號召義勇又約會致仕鄉官右副都御史王懋中養病評事羅僑等與之定謀設策收合渙散之心作起忠義之氣相機乘間務爲躡後之圖共成犄角之勢牽其舉動而使進不得前搗其巢穴而使退無所據日望

天兵之速至庶解東南之倒懸伏望

皇上省愆咎已命將出師因難興邦未必非此臣以弱劣多病屢疏乞休況此地方之責本亦非臣之任今茲扶疾赴闕實亦意圖便道歸省臨發之前已具哀懇齎奏之人去纔數日適當

君父之急不忍失此事機姑復暫留期紓　國難俟
區畫稍定各官畧可展布　朝廷命師一臨亦遂遵
照前　旨入閩了事就彼歸省父疾進不避嫌退不
避罪惟民是保而利於　主臣之心也直行其報
國之誠而忘其緩　命之罪求伸其哀痛之情而甘
冒棄職之誅臣之罪也竊照都御史王懋中評事羅
僑忠義自許才識練達知府伍文定果捷能斷忠勇
有謀累立戰功皆抑而不賞久淹外郡實屈而未伸
今江西闔省見無一官若待他求緩無所及乞遂將
各官授以緊要職任庶可責之拯溺救焚其餘若裁

革兵備副使羅循養病副使羅欽德郎中曾直御史
周魯同知郭祥鵬省親進士郭持平驛丞李忠王恩
等雖皆本土之人咸秉忠貞之節况亦見在同事當
多難之日事宜從權庶克有濟再照寧府逆謀既著
彼若北趨不遂必將還取兩浙南擾湖湘窺留都以
斷南北收閩廣以益軍資若不即爲控制急遣重兵
必將噬臍無及及照撫州府知府陳槐臨江府知府
戴德孺贛州府知府邢珣袁州府知府徐璉寧都縣
知縣王天與豐城縣知縣顧佖新淦縣知縣李美奉
新縣知縣劉守緒泰和縣知縣李楫南安府同知朱

虔贛州府同知夏克義龍泉縣知縣陳允諧及閩省

各官令見在者乞　勑吏部就於其中推補本省方

面知府兵備等官庶可速令供職其有城守之責者

亦各量陞職銜重其權勢使可展布又照南贛軍餉

惟資鹽商諸稅近因戸部奏革顧募之兵無所仰給

悉已散遣今未兩月即遇此變復欲召募將倚何資

輙復遵依　勑旨便宜事理仍舊舉行然亦緩不及

濟必須先於兩廣積儲軍餉數内量借一十餘萬庶

幾軍衆可集地方有賴　國難可平縁係飛報地方

謀反重情事理爲此具本轉差舍人來儀親齎謹題

請　旨

奏聞宸濠僞造檄榜疏　十四年七月初五日

正德十四年七月初一日據吉安府知府伍文定申准領哨通判楊昉千户蕭英在於墨潭地方捉獲寧府齎檄榜官趙承芳等二十員名解送到臣看得檄榜妄言惑衆譏訕　主上當即毀裂又以事合　聞奏隨即固封以進審據趙承芳供係南昌府學教授六月十三日寧府生日次日各官謝宴突起反謀殺死孫都御史許副使囚死黄參議馬主事其餘大小職官脅從不遂者俱被監禁追奪印信放囚刼庫邀

截兌米分遣逋寇四散摽掠聲言要取南京就往北京十六日親出城外迎取安福縣舉人劉養正十七日迎取致仕都御史李士實皆入府內號稱軍師太師名目二十一日將原禁各官放回各司差人看守二十二日令承芳并參政季斅代齎僞檄榜文赴豐城吉安贛州南安并王都御史及廣東南雄等處俱各不寫正德年號止稱大明己卯歲比承芳等不合怕死及因妻子被拘旗校管押只得依聽齎至墨潭地方蒙本院防哨官兵將承芳等拿獲隨審季斅供係先任南安府知府近陞廣西參政裴帶家小由水

路赴任行至省城隨内遇寧王生日傳令慶賀次日
隨衆謝宴變起倉卒俱被監禁比數自分死　國因
妻女在船寫書令妻要死夫女要死毋後因看守愈
嚴求死不遂至二十一放回本船憤死良久方甦二
十二日又將妻女拘執急呼數進府將前僞檄榜差
旗校十二人督押數與承芳代齎數計欲投赴軍門
脱身報効不期官兵執送前來等因案照先爲飛報
地方謀反重情事已經二次差人具奏去後今審據
前因參照寧王不守藩服敢此稱亂睥睨神器指斥
乘輿擅殺大臣放囚刼庫稔不避之罪犯無將之誅

致仕都御史李士實恩遇四朝職託心膂舉人劉養正舊假恬退之名新叨録用之典今皆反面事讐爲之出謀發慮既同狗彘之行難逭斧鉞之誅叅政季斆教授趙承芳義未决於舍生令已承於捧檄但暴虐之威恐動於中鷹犬之徒鈐制於外在法固所當罪據情亦有可憫除將趙承芳季斆監禁一面檄召兵民隨機應變竭力討賊一應事宜陸續奏 聞處置外臣聞多難興邦殷憂啓聖 陛下在位一十四年屢經變難民心騷動尚爾 巡遊不已致使宗室謀動干戈冀竊 大寶且今天下之覬覦豈特一寧

王天下之奸雄豈特在宗室言念及此懍骨寒心昔漢武帝有輪臺之悔而天下向治唐德宗下奉天之詔而士民感泣伏望　皇上痛自克責易轍改絃罷出奸諛以回天下豪傑之心絶迹巡遊以杜天下奸雄之望定立　國本勵精求治則太平尚有可圖群臣不勝幸甚爲此具本并將僞檄一紙封固專差舍人秦沛親齎謹題請　旨

擒獲宸濠捷音疏　十四年七月二十日

照得先因寧王圖危　宗社興兵作亂已經具奏請兵征勦外隨看得寧王虐焰張熾臣以百數疲弱之

卒未敢輕舉驟進乃退保吉安姑爲牽制之圖時遠
近軍民刼於寧王之積威道路以目莫敢出聲臣一
面督率吉安府知府伍文定等調集軍民兵快召募
四方報効義勇之士奏留監察御史謝源伍希儒分
職任事一面約會該府鄉官都御史王懋中編修鄒
守益郎中曾直評事羅僑監察御史張鰲山僉事劉
藍進士郭持平參謀驛丞王思李中按察使劉遜參
政黃繡知府劉昭等相與激發忠義移檄遠近布
朝廷之深仁暴寧王之罪惡於是豪傑響應人始思
奮時寧王聲言先取南京臣慮南京尚未有備恐爲

所襲乃先張疑兵於豐城示以欲攻之勢故寧王先
遣兵出攻南康九江而自留居省城以禦臣至七月
初二日探知臣等兵尚未集乃留兵萬餘使守江西
省城而自引兵向 闕臣晝夜促兵期以本月十五
日會臨江之樟樹而身督知府伍文定等兵徑下於
是知府戴德孺徐璉邢珣通判胡堯元童琦談儲推
官王暐徐文英知縣李美李楫王天與王冕各以其
兵來赴十八日遂至豐城分哨道使知府伍文定等
進攻廣潤等七門是日得諜報寧王伏兵千餘於新
舊墳廠以援省城臣乃遣奉新知縣劉守緒等從間

道夜襲破之以摇城中十九日發沛汊大誓各軍申
布　朝廷之威再暴寧王之惡莫不切齒痛心踴躍
激憤薄暮齊發二十日黎明各至信地先是城中爲
備甚嚴滚木灰瓶火砲機械無不畢具臣所遣兵已
破新舊墳廠敗潰之卒皆奔告城中城中皆已驚懼
至是復聞我師四面驟集益震駭奪氣我師乘其動
摇呼譟並進梯絙而登城中之兵皆倒戈退奔城遂
破擒其居守宜春王拱樤及僞太監萬鋭等千有餘
人寧王宮中眷屬聞變縱火自焚延及居民房屋臣
當令各官分道救火散釋脅從封府庫謹關防以撫

軍民除將擒斬功次發御史謝源伍希儒權令審驗紀録及一面分兵四路追躡寧王向往相機擒勦於本月二十二日已經具題外當於本日據諜報及據安慶逃回被虜船戶十餘人報稱寧王於十六日攻圍安慶未下自督兵夫運土塡塹期在必尅是日有守城萬門官差人來報贛州王都堂已引兵至豐城城中軍民震駭乞作急分兵歸援寧王聞之大恐即欲回舟因太師李士實等阻勸以爲必須徑往南京既登大寶則江西自服寧王不應次日遂解安慶之圍移兵泊阮子江會議先遣兵二萬歸援江西寧王

亦自後督兵隨來等因先是臣等駐兵豐城衆議安慶被圍宜引兵直趨安慶臣以九江南康皆已爲賊所據而南昌城中數萬之衆精悍亦且萬餘食貨充積我兵若抵安慶賊必回軍死鬬安慶之兵僅僅自守必不能援我於湖中南昌之兵絶我糧道而九江南康之賊合勢撓躡四方之援又不可望事難圖矣今我師驟集先聲所加城中必已震懾因而并力急攻其勢必下已破南昌賊先破膽奪氣失其根本勢必歸救如此則安慶之圍自解而寧王亦可以坐擒矣至是得報果如臣等所料當臣督同領兵知府會

集監軍及倡義各鄉官等官議所以禦之之策衆多以寧王兵勢衆盛氣焰所及有如燎毛今四方之援尚未有一人至者彼憑其憤怒悉衆并力而萃於我勢必不支且宜斂兵入城堅壁自守以待四鄰之援然後徐圖進止臣以寧王兵力雖強軍鋒雖銳然其所過徒恃焚掠屠戮之慘以威刼遠近未嘗逢大敵與之奇正相角所以鼓動煽惑其下者全以進取封爵之利爲説今出未旬月而輙退歸士心既已携沮我若先出鋭卒乘其惰歸要迎掩擊一挫其鋒衆將不戰自潰所謂先人有奪人之氣攻瑕則堅者瑕也

是日撫州府知府陳槐兵亦至於是遣知府伍文定
邢珣徐璉戴德儒合領精兵伍百分道並進擊其不
意又遣都指揮余恩以兵四百往來湖上以誘致賊
兵知府陳槐通判胡堯元童琦談儲推官王暐徐文
英知縣李美李楫王冕王軾劉守緒劉源清等使各
領兵百餘四面張疑設伏候伍文定等兵交然後四
起合擊分布既定臣乃大賑城中軍民慮宗室郡王
將軍或爲内應生變親慰諭之以安其心又出給告
示凡脅從皆不問雖甞受賊官爵能逃歸者皆免死
斬賊徒歸降者給賞使内外居民及鄉道人等四路

傳播以解散其黨二十三日復得諜報寧王先鋒已至樵舍風帆蔽江前後數十里不能計其數臣乃分督各兵乘夜趨進使伍文定以正兵當其前余恩繼其後邢珣引兵繞出賊背徐璉戴德儒張兩翼以分其勢二十四日早賊兵鼓譟乘風而前逼黄家渡其氣驕甚伍文定余恩之兵佯北以致之賊爭進趨利前後不相及邢珣之兵從後横擊直貫其中賊敗走文定恩督兵乘之璉德儒合勢夾攻四面伏兵亦呼譟並起賊不知所爲遂大潰追奔十餘里擒斬二千餘級落水死者以萬數賊氣大沮引兵退保八字腦

賊衆稍稍遁散寧王震懼乃身自激勵將士賞其當先者以千金被傷者人百兩使人盡發九江南康守城之兵以益師是日建昌知府曾璵引兵亦至臣以九江不破則湖兵終不敢越九江以援我南康不復則我兵亦不能踰南康以躡賊乃遣知府陳槐領兵四百合饒州知府林城之兵乘間以攻九江知府曾璵領兵四百合廣信知府周朝佐之兵乘間以取南康二十五日賊復并力盛氣挑戰時風勢不便我兵少卻死者數十人臣急令人斬取先卻者頭知府伍文定等立於銃砲之間火燎其鬚不敢退奮督各兵

殊死並進砲及寧王舟寧王退走遂大敗擒斬二千
餘級溺水死者不計其數賊復退保樵舍連舟爲方
陣盡出其金銀以賞士臣乃夜督伍文定等爲火攻
之具邢珣擊其左徐璉戴德孺出其右余恩等各官
分兵四伏期火發而合二十六日寧王方朝群臣拘
集所執三司各官責其間以不致死力坐觀成敗者
將引出斬之爭論未决而我兵已奮擊四面而集火
及寧王副舟衆遂奔散寧王與妃嬪泣別妃嬪宮人
皆赴水死我兵遂執寧王并其世子郡王將軍儀賓
及僞太師國師元帥參贊尚書都督都指揮千百户等

官李士實劉養正劉吉屠欽王綸熊瓊盧珩羅璜丁贖王春吳十三凌十一秦榮葛江劉勳何鏜王信吳國七火信等數百餘人被執脅從官太監王宏御史王金主事金山按察使楊璋僉事王疇潘鵬參政程杲布政梁宸都指揮郟文馬驥白昂等擒斬賊黨二千餘級落水死者約三萬餘棄其衣甲器仗財物與浮尸積聚横亘若洲焉於是餘賊數百艘四散迯潰臣復遣各官分路追勦毋令逸入他境爲患二十七日及之於樵舍大破之又破之於吳城擒斬復千餘級落水死者殆盡二十八日得知府陳槐等報亦各

與賊戰於沿湖諸處擒斬各千餘級臣等旣擒寧王而入闉城內外軍民聚觀者以數萬歡呼之聲震動天地莫不舉首加額真若解倒懸之苦而出於水火之中也除將寧王并其世子郡王將軍儀賓僞授太師國師元帥都督都指揮等官各另監羈候解被執脅從等官并各宗室別行議 奏及將擒斬俘獲功次一萬一千有奇發御史謝源伍希儒暫令審驗紀録另行造冊繳報外照得臣節該欽奉 勑諭但有盜賊生發即便嚴督各該兵備守備守巡并各軍衛有司設法調兵勦殺其管領兵快人等官員不問文

職武職若在軍前違期并逗遛退縮者俱聽以軍法
從事生擒盜賊鞫問明白亦聽就行斬首示衆斬獲
賊級行令各該兵備守巡守備官即時紀驗明白備
行江西按察司造冊繳報查照事例陞賞激勸欽此
及准兵部題稱今後但草賊生發事情緊急該管官
司即便依律調撥官軍乘機剿捕應合會捕者亦就
調發策應等因節奉　欽依備咨前來又節該奉
勑如或江西別府報有賊情緊急移文至日爾亦要
及時遣兵策應毋得違悞欽此俱經欽遵外竊照寧
王宸濠奸暴腥穢彰聞賊殺善類剥害細民數其罪

惡世所未有不軌之謀已踰一紀積威所劫遠被四方士夫雖在千里之外皆閉目搖手莫敢論其是非小人雖在幽僻之中且吞聲飲恨不敢訴其寃抑兼又招納叛亡誘致劇賊渠魁如吳十三凌十一之屬牽引數千餘衆召募四方武藝驍勇力能拔樹排闥者亦萬有餘徒又使其黨王春等分齎金銀數萬陰置奸徒於滄州淮揚山東河南之間亦各數千比其起事之日從其護衛姻族連其黨與朋私驅脅商旅軍民分遣其官屬親暱使各募兵從行多者數千少者數百帆檣蔽江衆號一十八萬其從之東下者實

亦不下八九萬餘且又矯稱　密旨以脅制遠近僞傳檄諭以搖惑人心故其舉兵倡亂一月有餘而四方震懾畏避皆謂其大事已定莫敢抗義出身與之爭衡從事抱節者僅堅城而自守忠憤者惟集兵以俟時非知謀忠義之不足其氣熠使然也臣以孱弱多病之質才不逮於凡庸知每失之迂繆當茲大變輙敢冐非其任以行旅百數之卒起事於顛沛危疑之中旬月之間遂能克復堅城俘擒元惡以萬餘烏合之兵而破強寇十萬之衆是固　上天之陰隲　宗社之黙佑　陛下之威靈而廟廊謀議諸臣消禍

於將萌而預爲之處見幾於未動而潛爲之制故臣
提督使得扼制上流而凜然有虎豹在山之威申明
律例使人自爲戰而翕然有臂指相使之形 勅臣
以及時策應不限以地而隱然有常山首尾之勢故
臣得以不悮 詔旨之下而調集數郡之兵數郡之
民亦不待 詔旨之督而自有以赴 國家之難長
驅越境直擣窮追不以非任爲嫌是乃伏至險於無
形之中藏不測於常制之外人徒見嬖奚之多獲而
不知王良之善御有以致之也然則今日之舉廟廊
諸臣預謀早計之功其又孰得而先之乎及照御史

謝源伍希儒監軍督哨謀畫居多倡勇宣威勞苦備
嘗領哨知府伍文定邢珣徐璉戴德孺陳槐曾璵林
瑊周朝佐署都指揮僉事余恩分哨通判胡堯元童
琦談儲推官王暐徐文英知縣李楫李美王冕王軾
劉源清劉守緒傅南喬隨哨通判楊昉陳旦指揮麻
璽高睿孟俊知縣張淮應恩王庭顧佖萬士賢馬津
等雖効績輸能亦有等列然皆首從義師爭赴 國
難協謀并力共收全功其間若伍文定邢珣徐璉戴
德孺等冒險衝鋒功烈尤懋鄉官都御史王懋中編
修鄒守益御史張鰲山郎中曾直評事羅僑僉事劉

藍進士郭持平驛丞王思李中按察使劉遜叅政黃繡知府劉昭等仗義興兵協張威武運籌贊畫夾輔折衝以上各官功勞雖在尋常征勦亦巳甚爲難得况當震恐搖惑四方知勇莫敢一膺其鋒而各官激烈忠憤捐身徇　國乃能若此伏覩　皇上論功朝錫之餘普加爵賞旌擢以勸天下之忠義以勵將來之懦怯仍　詔示天下使知奸雄若寧王者其不軌之謀巳十有餘年而發之旬月輙就擒滅于以見天命之有在神器之不可窺以定天下之志尤覩皇上罷息巡幸建立　國本端拱勵精以承　宗社

之洪休以絶奸雄之覬覦則天下幸甚臣等幸甚緣係捷音事理爲此具本專差千戶王佐親齎謹具題知

乞寬免税糧急救民困以弭災變疏 十五年三月二十五日

照得正德十四年七月内節據吉安等一十三府所屬廬陵等縣各申爲旱災事開稱本年自三月至于秋七月不雨禾苗未及發生盡行枯死夏税秋糧無從辦納人民愁嘆將及流離申乞轉達寬免等因到臣節差官吏老人踏勘前項地方委自三月以來雨

澤不降禾苗枯死續該寧王謀反乘釁鼓亂傳播僞
命優免租稅小人惟利是趨洶洶思亂臣因通行告
示許以奏聞優免稅糧諭以臣子大義申　祖宗休
養生息之澤暴寧王誅求無厭之惡由是人心稍稍
安集背逆趨順老弱居守丁壯出征團保饋餉邑無
遺戶家無遺夫就使雨暘時若江西之民亦已廢耕
耘之業事征戰之苦況軍旅旱乾一時併作雖富室
大戶不免饑饉下戶小民得無轉死溝壑流散四方
乎設或饑寒所迫徵輸所苦人自爲亂將若之何如
蒙乞　敕該部暫將正德十四年分稅糧通行優免

以救殘傷之民以防變亂之階伏望　皇上罷冗員
之俸損不急之賞止無名之徵節用省費以足軍國
之需天下幸甚緣由於本年七月三十日具題請
旨未奉明降隨蒙　大駕親征京邊官軍前後萬數
沓至并臨墳城塞郭百姓戍守鋒鏑之餘未及息肩
弛擔又復救死扶傷呻吟奔走以給厮養一應誅求
妻孥鬻於草料骨髓竭於徵輸當是之時鳥驚魚散
貧民老弱流離棄委溝壑狡健者逃竄山澤群聚為
盜獨遺其稍有家業與良善守死者十之二三又皆
顛頓號呼於挺刃捶撻之下郡縣官吏咸赴省城與

兵馬佳屯之所奔命聽役不復得親民事上下洶洶如爲漏船於風濤顛沛之中惟懼覆溺之不暇豈遑復顧其他爲日後之慮憂及稅賦之不免征科之未完乎當是之時雖臣等亦皆奔走道路危疑倉皇恐不能爲小民請一旦之命豈遑爲歲月之慮憂及賦稅之不免征科之未完而暇爲之復請乎若是者又數月京邊官軍始將有旅歸之期而戶部歲額之徵巳下漕運交兌之文巳促督催之使切責之檄巳交馳四集矣流移之民聞官軍之將去稍稍脇息延望歸尋其故業足未入境而頸以繫於追求者之手矣

夫荒旱極矣而又因之以變亂變亂極矣而又加之以師旅師旅極矣而又竭之以供饋益之以誅求亟之以征斂當是之時有目者不忍睹有耳者不忍聞又從而浚其膏血有人心者而尚忍爲之乎今遠近軍民號呼匍匐訴告喧騰求 朝廷出帑藏以賑濟久而未獲反有追征之令鬨然興怨謂臣等昔日蠲賦之言爲詐已竊相傷嗟謂宸濠叛逆猶知優免租稅以要人心我輩 朝廷赤子皆常竭骨髓出死力以勤 國難今困窮已極獨不蒙少加優恤又從而追征之將何以自全是以令之而益不信撫之而益

憤憤諭之而葢呶呶甫懷收復之望又爲流徙之圖計窮勢迫匿而爲奸肆而爲寇兩月以來有司之以鼠竊警報者月無虛日無惟也彼無家業衣食之資無父母妻子之戀而又旁有追呼之苦上有捶剥之災自非禮義之士孰肯閉口捫腹坐以待死乎今朝廷亦嘗有寬恤之令矣亦嘗有賑濟之典矣然寬恤賑濟内無帑藏之發外無官府之儲而徒使有司措置措置者豈能神輸而鬼運必將取諸富民今富民則又皆貧民矣削貧以濟貧猶割心臠肉以啖口口未飽而身先斃且又有侵尅之弊又有漁獵之奸

民之賴以生者不能什一民之坐而死者常十九矣
故寬恤之虛文不若蠲租之實惠賑濟之難及不若
免租之易行今不免租稅不息誅求而徒曰寬恤賑
濟是奪其口中之食而曰吾將療汝之饑刳其腹腎
之肉而曰吾將救汝之死凡有血氣皆將不信之矣
夫戶部以　國計爲官漕運以轉輸爲任今歲額之
催交兊之促皆其職之使然但民者邦之本邦本一
搖雖有粟吾得而食諸伏望　皇上軫念地方塗炭
之餘小民困苦已極思邦本之當固慮禍變之可憂
乞　敕該部速將正德十四十五年該省錢糧悉行

寬免其南昌南康九江等府縣殘破尤甚者重加寬貸使得漸回喘息修復生理非但解江西一省之倒懸臣等無地方變亂之禍得免於誅戮實天下之幸宗社之福也夫免江西一省之糧稅不過四十萬石今各四十萬石而不肯蠲異時禍變卒起即出數百萬石既已無救於難矣此其形迹已見事理甚明者臣等上不能會計征斂以足　國用下不能建謀設策以濟民窮徒痛苦流涕一言小民疾苦之狀惟
陛下速將臣等黜歸田里早賜施行以紓禍變緣係寬免稅糧急救民困以弭災變事理爲此具本請

旨

水災自劾疏 十五年五月十三日

臣惟有官守者不得其職則去受人之牛羊而爲之牧者求牧與蒭而不得則反諸其人臣以菲才繆膺江西巡撫之寄今且數月曾未能有分毫及民之政而地方日以多故民日益困財日益匱災變日興禍患日促自春入夏雨水連綿江湖漲溢經月不退自贛吉臨瑞廣撫南昌九江南康沿江諸郡無不被害黍苗淪没室廬漂蕩魚鼈之民聚棲於木杪商旅之舟經行於閭巷潰城决隄千里爲壑煙火斷絶惟聞

哭聲詢諸父老皆謂數十年來所未有也除行各該司府州縣修省踏勘具　奏外夫變不虛生緣政而起政不自弊因官而作官之失職臣實其端何所逃罪夫以江西之民遭歷宸濠之亂脂膏已竭而又因之以旱荒繼之以師旅遂使豐稔連年曲加賑恤尚恐生理未易完復今又重以非常之災危亟若此當是之時雖使稷契爲牧周召作監亦恐計未有措況病廢昏劣如臣之尤者而畀之倀然坐尸其間譬使盲夫駕敗舟於顛風巨海中而責之以濟險不待智者知其覆溺無所矣又況部使之催徵益急意外之

誅求未已在昔一方被災鄰省尚有接濟之望今湖湘連歲兵荒閩淛頻年旱潦兩廣之征剿未息南畿之供餽日窮淮徐以北山東河南之間聞亦饑饉相屬由此言之自全之策既無所施而四鄰之濟又已絕望悠悠蒼天誰任其咎靜言思究臣罪實多何者宸濠之變臣在接境不能圖於未形致令猖突震驚遠邇乃勞 聖駕親征師徒暴於原野百姓殆於道路 朝廷之政令因而閼隔四方之困憊由是日深臣之大罪一也徒避形迹之嫌苟為自全之計隱忍觀望幸而脫禍不能直言極諫以悟 主聽臣之大

罪二也徒以逢迎附和爲忠而不知日陷於有過徒以變更遷就爲權而不知日紊於舊章徒以掇拾羅織爲能而不知日離天下之心徒以聚斂征索爲計而不知日積小民之怨此臣之大罪三也上不能有裨於　國下不能有濟於民坐視困窮淪胥以溺臣之大罪四也且臣憂悸之餘百病交作尫羸衰耗視息僅存以前四者之罪人臣有一於此亦足以召災而致變況備而有之其所以速天神之怒深下民之憤而致災沴之集又何疑乎伏惟　皇上軫災恤變別選賢能代臣巡撫即以臣爲顯戮彰大罰於天下

臣雖隕首亦云幸也即不以之爲顯戮削其禄秩黜還田里以爲人臣不職之戒庶亦有位知警民困可息人怒可泄天變可弭而臣亦死無所憾

四乞省葬疏　十五年閏八月二十日

照得先准吏部咨該臣奏稱以父老祖喪屢疏乞休未蒙憐准近者奉　命扶疾赴闕意圖了事即從彼地冒罪遄歸旬月之前亦已具　奏不意行至中途遭值寧府反叛此係　國家大變臣子之義不容舍之而去又闔省撫巡方面等官無一人見在者天下事機間不容髮故復忍死暫留於此爲牽制攻討之

圖俟　命帥之至即從初心死無所避臣思祖母自幼鞠育之恩不及一面爲訣每一號痛割裂昏殞日加尫瘠僅存殘喘母喪權厝祖母之側今葬祖母亦欲因此改葬臣父衰老日甚近因祖喪哭泣過節見亦病卧苫廬臣今扶病驅馳兵革往來於廣信南昌之間廣信去家不數日欲從其地不時乘間抵家一哭畧爲經畫葬事一省父病臣區區報　國血誠上通於天不辭滅宗之禍不避形迹之嫌冒非其任以勤　國難亦望　朝廷鑒臣此心不以法例繩縛使臣得少伸烏鳥之痛臣之感　恩死且圖報搶攘哀

控不知所云等因具本奏奉　聖旨王守仁奉命巡視福建行至豐城一聞宸濠反叛忠憤激烈即便倡率所在官司起集義兵合謀勦殺氣節可嘉已有旨着督兵討賊兼巡撫江西地方所奏省親事情待賊平之日來說該部知道欽此備咨到臣除欽遵外近照寧王逆黨皆已仰賴　皇上神武廟堂成筭悉就擒獲地方亦已平靖百姓室家相慶得免徵調之苦復有更生之樂莫不感激　洪恩沾被德澤獨臣以父病日深母喪未葬之故日夜哀苦憂疾轉劇犬馬驅馳之勞不足齒録而烏鳥迫切之情實可矜憫

巳蒙前　旨許待賊平之日來説故敢不避斧鉞復
申前請伏望　皇上仁覆曲成容臣暫歸田里一省
父病經紀葬事臣不勝苦切祈望之至等因又經具
本於正德十四年八月二十五日差舍人來儀齎奏
去後迄今巳踰八月未奉　明旨臣旦暮惶惶延頸
以待內積悲痛之鬱外遭窘局之苦新患交成舊病
彌篤方寸既亂神氣益昏目眩耳聵一切世事皆如
夢寐今雖抑情強處不過閉門伏枕呻吟喘息而巳
豈能供職盡分爲　陛下巡撫一方乎夫人臣竭忠
委命以赴　國事及事之定乃故使之不得一省其

親之疾是沮義士之志而傷孝子之心也且　陛下旣以許之又復拘之亦何以信於後臣素貪戀官爵志在進取亦非高潔獨行甘心寂寞者徒以疾患纏體哀苦切心不得已而爲此今亦未敢便求休退惟乞暫回田里一省父疾經營母葬臣亦因得就醫調理少延喘息苟情事稍伸病不至甚即當奔走赴闕終效犬馬昔人所謂報劉之日短盡忠於　陛下之日長也臣不勝哀痛號呼懇切控籲之至具本又於正德十五年三月二十五日差舍人王[illegible]齎奏去後迄今復六月未奉　明旨臣之痛苦刻骨刿心憂

病纏結與死爲鄰已無足論而臣父衰疾日亟呻吟
牀席思臣一見晝夜涕洟每得家書號慟顛殞蘇而
復絶夫虎狼惡獸尚知父子烏鳥微禽猶懷反哺今
臣父病狼狽至此惟欲望臣一歸而臣乃依依貪戀
官爵未能决然逃去是禽獸之不若何以立身於天
地乎夫人之大倫内則父子外則君臣事君以忠事
父以孝不忠不孝爲天下之大戮縱復幸免　國憲
然旣辱於禽獸則生不如死臣之歸省父疾在　朝
廷視之則一人之私情自臣身言之則一生之大節
徃者寧藩之變臣時欲歸省父疾然　宗社危急呼

吸之間存亡攸係故臣捐九族之誅委身以死　國
難時則君臣之義爲重今　國難已平兵戈已息臣
待罪巡撫不過素餐尸位以苟歲月而臣父又衰危
病篤若此尚爾貪戀祿位而不去此尚可以爲子乎
不可以爲子者尚可以爲臣乎臣今待罪巡撫若不
請而逃竄恐傳聞遠邇驚駭視聽夫人臣死　君之
難則捐其九族之誅而不恤至其急父之危則亦捐
其一身之戮而不顧今復候　命不至臣必冒死逃
歸若　朝廷憫其前後懇迫之請赦而不戮臣死且
圖啣結若遂正以　國典臣獲一見老父而死死亦瞑

目於地下矣臣不勝痛隕苦切號控哀祈之至除冒
死一面移疾舟次沿途問醫待罪候命外緣係四
乞　天恩歸省父疾回籍待罪事理爲此具本奏
聞

辭封爵普恩賞以彰國典疏　嘉靖元年正月初十日

南京兵部尚書王守仁謹奏爲辭免封爵普恩
賞以彰國典事臣於正德十六年十二月十九等日
節准兵部吏部咨俱爲捷音事節該題奉聖旨江
西反賊剿平地方安定各該官員功績顯著你部裏
既會官集議分別等第明白王守仁封伯爵給與誥

子孫世世承襲照舊叅賛機務欽此王守仁封新建伯奉天翊衛推誠宣力守正文臣特進光祿大夫柱國還兼南京兵部尚書照舊叅賛機務歲支祿米一千石三代幷妻一體追封欽此前後備咨到臣俱欽遵外臣聞 命驚惶莫知攸措竊念臣以凡庸謏受 國恩在正德初年以狂言被譴 先帝察其無他隨加收錄荐陟清顯繆膺軍旅之寄猥承巡撫之乏後值寧藩肇變臣時適嬰禍鋒義當死難不量勢力與之犄角賴 朝廷威靈幸無覆敗既而讒言朋興幾陷不測臣之心事未及自明 先帝登遐無階

控籲乃幸天啓　神聖　陛下龍飛開臣於覆盆之下而照之以日月憫惻慰勞至勤　詔旨憐其烏鳥之情使得歸省推　大孝之仁優之以存問超歷常資授以留都本兵之任懇疏辭免　慰旨益勤在昔名臣碩輔鮮有獲是於其君者而況於臣之卑鄙淺劣亦將何以堪此乎今又加以封爵之崇臣懼功微賞重無其實而冒其名憂禍敗之將及也夫人主於嚬笑之微不以假於匪人而况爵賞之重乎人臣之事君也先其事而後其食食且不可而况於封爵乎且臣之所以不敢受爵其説有四然亦不敢不爲

陛下一陳其實夫寧藩不軌之謀積之十數年矣持
滿應機而發不旬月而敗此非人力所及也上天之
意厭亂思治將啓　陛下之神聖以中興太平之業
故蹶其謀而奪之魄斯固上天之爲之也而臣欲冒
之是叨天之功矣其不敢受者一也先寧藩之未變
朝廷固已陰覺其謀故改臣以提督之任假臣以便
宜之權使據上游以制其勢故臣雖倉卒遇難而得
以從宜調兵與之從事當時帷幄謀議之臣則有若
大學士楊廷和等該部調度之臣則有若尚書王瓊
等是皆有先事禦備之謀所謂發縱指示之功也今

諸臣未蒙顯褒而臣獨冒膺重賞是掩人之善矣其不敢受者二也變之初起勢焰燔熾人心疑懼退沮當時首從義師自伍文定邢珣徐璉戴德孺諸人之外又有知府陳槐曾璵胡堯元等知縣劉源清馬津傅南喬李美李楫及楊材王冕顧佖劉守緒王軾等鄉官都御史王懋中編修鄒守益御史張鰲山伍希儒謝源等諸人臣今不能悉數其間或摧鋒陷陣或遮邀伏擊或贊畫謀議監錄經紀雖其平日人品或有清濁高下然就茲一事而言固亦咸有捐軀効死之忠戮力勤王之績所謂同功一體者也今賞當其

功者固已有之然施不酬勞之人尚多也其帳下之士若聽選官雷濟已故義官蕭禹致仕縣丞龍光指揮高睿千戶王佐等或詐爲兵檄以撓其進止壞其事機或僞書反間以離其心腹散其黨與陰謀祕計蓋有諸將士所不與知而辛苦艱難亦有諸部領所未嘗歷者臣於捷奏本内既不敢瑣瑣煩瀆今閩紀功文冊復爲改造者多所刪削其餘或力戰而死於鋒鏑或犯難而委於溝渠陳力効能者尤不可以枚舉是皆一時號召之人臣於顛沛搶攘之際今已多不能記憶其姓名籍貫復有舉人冀元亨者爲臣勸

說寧濠反爲奸黨搆陷竟死獄中以忠受禍爲賊報讐抱寃齎恨實由於臣雖盡削臣職移報元亨亦無以贖此痛此尤傷心慘目負之於冥冥之中者夫倡義調兵雖起於臣然猶有先事者爲之掎措而戮力成功必賴於衆則非臣一人之所能獨濟也乃今諸將士之賞尚多未稱而臣獨蒙冒重爵是襲下之能矣其不敢受者三也夫周公之功大矣亦臣子之分所當爲況區區犬馬之微勞又皆偶逢機會幸而集事者奚足以爲功乎臣世受　國恩虀身粉骨亦無以報繆當提督重任承乏戎行苟免鰥曠況又超擢

本兵既已叨冒踰分且臣近年以來憂病相仍神昏志散目眩耳聾無復可用於世兼之親疾顛危命在朝夕又不度德量分自知止足乃冒昧貪進據非其有是忘己之恥矣其不敢受者四也夫殃莫大於叨天之功罪莫甚於掩人之善惡莫深於襲下之能辱莫重於忘己之恥四者備而禍全故臣之不敢受爵非敢以辭榮也避禍焉爾已伏願 陛下鑒臣之辭出於誠懇收還 成命容臣以令職終養老親苟全餘喘於林下以所以濫施於臣者普於衆以明賞罰之典以彰大小之功以慰不均之望以勵將來効忠

赴義之臣臣死且不朽矣不勝受　恩感激懇切顒
望之至緣係辭免封爵普　恩賞以彰國典事理謹
具本

再辭封爵普　恩賞以彰國典疏　嘉靖元年

臣於正德十六年十二月節准兵部吏部咨節該題
奉　聖旨江西反賊勦平地方安靜各該官員功績
顯著你部裏既會官集議分別等第明白王守仁封
伯爵給與誥劵子孫世世承襲照舊叅賛機務欽此
王守仁封新建伯奉天翊運推誠宣力守正文臣特
進光禄大夫柱國還兼南京兵部尚書照舊叅賛機

務歲支祿米一千石三代并妻一體追封欽此臣聞
命驚惶竊懼功微賞重禍敗將及已經具本辭免去
後隨於嘉靖元年七月十九日准吏部咨該臣奏前
事節奉　聖旨論功行賞古今令典詩書所載具可
考見卿倡義督兵勦除大患盡忠報國勞績可嘉特
加封爵以昭公義宜勉承恩命所辭不允該部知道
欽此欽遵臣以積惡深重禍延先臣方煢煢瘠疚僅
未殞絕聞　命悸慄魂魄散亂已而伏塊沉思臣以
微勞冒膺重賞所謂叨天之功掩人之善襲下之能
忘己之恥者臣於前奏已具陳之矣然而　聖旨殷

憂獨加於臣餘皆未嘗採録者豈以江西之民果臣一人之所能獨辦乎　朝廷爵賞本以公於天下而臣以一身掠衆美而獨承之是臣壅閼　朝廷之大澤而使天下有不均之望也罪不滋重已乎夫廟堂之賞　朝廷之議也臣不敢僭及至於臣所相與協力同事之人則有不得不爲一申白者古者賞不踰時欲人速得爲善之報也今効忠赴義之士延頸而待已三年矣此而更不一言事日已遠而意日已衰誰復有爲之論列者故臣輒敢割痛忍哀冒斧鉞而控籲氣息奄奄之中忽不自覺其言之躁妄亦其事

有所感於昔而情有所激於其中也竊惟宸濠之變實起倉卒其氣勢張皇積威凌刼雖在數千里外無不震駭失措而況江西諸郡縣近切剝牀觸目皆賊兵隨處有賊黨當此之時臣以逆旅孤身舉事其間雖仰仗　威靈以號召遠近然而未受巡撫之　命則各官非統屬也未奉討賊之　旨其事乃義倡也若使其時郡縣各官果懷畏死偷生之心但以未有成命各保土地爲辭則臣亦可何如哉然而聞臣之調即皆感激奮勵或提兵而至或挺身而來是非眞有捐軀赴難之義戮力報主之忠孰肯甘粉虀之禍

從赤族之誅蹈必死之地以希萬一難冀之功乎然則凡在與臣共事者皆有忠義之誠者也夫均秉忠義之誠以同赴　國難而功成行賞臣獨當之人將不食其餘矣此臣所爲不敢受也且宸濠之變天實陰奪其魄而摧敗之速是以功成之後不復以此同事諸人者爲庸使其時不幸而一蹶塗地則粉身滅族之慘亦同事諸人者自當之乎將猶可以藉衆議之解救而徐免之乎夫天下之人犯必死之難以赴義則上之人有必行之賞以報功今臣獨崇爵而此同事諸人者乃或賞或否或不行其賞而并削其績或

賞未及播而罰已先行或虛受陞職之名而因使退閒或冒蒙不忠之號而隨以廢斥由此言之亦何苦捐身赴義以來此呶呶之口而自求無實之殃乎乃不若退縮引避反可以全身遠害安處富貴而逭於衆口之誹也夫披堅執銳身親行伍以及期赴難而猶不免於不忠之罰則容有托故推諉坐而觀望者又將何以加之今不彼之譏而獨此之察則已過矣昔人有蹊田而奪牛者君子以爲蹊田固有責而奪牛則已甚今人驅牛以耕我之田既種且獲矣而追究其耕之未盡善也復從而奪之牛無乃太遠於人

情乎方今議者或以其也素貪而鄙其也素躁而狂故雖有功而當抑其賞雖有勞而不贖其罪噫是亦過矣當宸濠之變撫按三司等官咸被驅縛或死或從其餘大小之職近者就縻遠者逃潰矣當此之時苟知有從我者皆可以為忠義之士尚得追論其平時邪況所謂若貪與鄙者或出於讒嫉之口而未皆眞邪若居常處易選擇而使猶不免於失人況一時烏合之衆而顧以此槩之其責於人終無已乎夫考素行別賢否以激揚士風者考課之常典較功力信賞罰以振作士氣者軍旅之大權故鄙猥之行平時

不耻於士列而使貪使詐軍事有所不廢也急難呼吸之際要在摧鋒克敵而已而暇逆計其他乎當此之時雖有禦人國門之寇苟能効其智力以協濟吾事亦將用之用之而事果有成亦必賞之况乎均在士人之列同有勤事之忠者乎人於平居無事扼腕抵掌而談孰不曰我能臨大節死大難及當小小利害未必至於死也而或有倉皇失措者有矣又况矢石之下鋒刃之間前有必死之形而後有夷滅之禍人亦何不設以身處其地而少亮之乎夫考課之典軍旅之政固並行而不相悖然亦不可以混而施之

今人方有可録之功吾且遂行其賞可矣縱有既往之愆亦得以今而贖但據其顯然可見者毋深求其隱然不可見者賞行矣而其人之過猶未改也則從而行其黜謫人將曰昔以功而賞今以罪而黜功罪顯而勸懲彰矣今也將明軍旅之賞而陰以考課之意行於其間人但見其賞未施而罰已及功不録而罪有加不能剗奸警惡而徒以阻忠義之氣快讒嫉之心譬之挼杯醪於河水而曰是有醪焉亦可飲而醉也非其易牙之口將不能辯之矣而求飲者之醉可得乎人臣於　國家之難凡其心之可望力之可

爲塗肝腦而膏髓骨皆其職分所當然則此同事諸臣者遂敢以此自爲之功而邀賞於其　上乎顧臣與之同事同功今賞積於臣而彼有未逮臣復抗顔直受而不以一言是使　朝廷之上果以其功獨歸於臣而此諸人者之績因臣之爲蔽而卒無以自顯於世也且自平難以來此同事諸人者非獨爲諸權姦之所誣搆挫辱而已也群憎衆嫉惟事指摘搜羅以爲快曾未見有鳴其不平而伸其屈抑者幸而
陛下龍飛赫然開日月之光英賢輔冀廓清風而鼓震電於是陰氣始散而魍魎潛消然而覆盆之下尚

或有未能自露者也故臣敢不避矜誇僭妄之戮而輙爲諸臣者一訴其艱難抑鬱之情昔漢臣趙充國破羌而歸人有諷之謙讓功能者充國曰吾能矣爵位已極豈嫌伐一時事以欺明主哉兵政國之大事當爲後法老臣不以餘命一爲主上明言其利害卒死誰當復言之者卒以實對夫人之忠於國也殺身夷族有不避而乃避其自矜功伐之嫌乎臣始遇變於豐城也蓋舉事於倉卒茫昧之中其時豈能逆睹其功之必就謂有今日爵賞之榮而爲哉徒以事關宗社是以不計成敗利鈍捐身家棄九族但以輸

忠憤而死節是臣之初心也至於號告三軍則雖激
之以忠義而賞歆之以爵禄延世之榮勵之以名節
而復動之以恩賞絢耀之義是非敢以虛言誘之也
以爲功而克成則此爵禄恩賞亦有國之常典理所
必有也今臣受殊賞而衆有未逮是臣以虛言罔誘
其下竭衆人之死而共成之掩衆人之美而獨取之
見利忘信始之以忠信終之以貪鄙外以欺其下而
内失其初心亦何顏面以視其人乎故臣之不敢獨
當殊賞者非不知封爵之爲榮也所謂有重於封爵
者故不爲苟得耳伏願　陛下鑒臣之言不以爲誇

也而因以察諸臣之隱允臣之辭不以爲僞也而因以普諸臣之施果以其賞在所薄與則臣亦不得而獨厚果以其賞或可厚與則諸臣亦不得而遂薄也江西同事諸臣臣於前奏亦已畧舉且該部具有成冊可查不敢復有所塵瀆臣在衰絰憂苦之中非可有言之日事不容已而有是舉不勝受　恩感激含哀冒死戰慄惶懼懇切祈禱之至

陽明先生文録卷之十六

陽明先生文録卷之十七

奏疏三

赴任謝　恩遂成膚見疏　六年十二月初一日

臣於病廢之餘特蒙　恩旨起用授以兩廣軍旅重寄臣自惟朽才病質深懼不任驅使以誤　國事具本辭免過蒙　聖旨卿識敏才高忠誠體國今兩廣多事方藉卿威望撫定地方用紓朕南顧之懷姚鏌已致仕了卿宜星夜前去節制諸司調度軍馬撫勦賊寇安戢兵民勿再遲疑推諉以負朕望還差官鋪馬裏賫文前去敦趣赴任行事該部知道欽此欽遵

兵部移咨到臣捧讀感泣莫知攸措伏念世受　國
恩粉骨虀骸亦無能報又况遭逢　明聖溫旨勤拳
若是何能復顧其他已於九月初八日扶病起程沿
途就醫服藥調理晝夜前進奈秋暑旱澁舟行甚難
至十一月二十日始克抵梧州思恩田州之事尚未
及會同各官查審區處然臣沿途涉歷訪諸士夫之
論詢諸行旅之口頗有所聞不敢不爲　陛下一言
其畧臣惟岑猛父子固有可誅之罪然所以致彼若
是者則前此當事諸人亦宜分受其責蓋兩廣軍門
專爲諸猺獞及諸流賊而設　朝廷付之軍馬錢糧

事權亦巳不爲不專且重若使振其軍威自足以制服諸蠻然而因循怠弛軍政日壞上無可任之將下無可用之兵一有警急必須倚調土官狼兵若岑猛之屬者而後行事故此輩得以憑恃兵力日增其桀驁今夫父兄之於子弟苟役使頻勞亦且不能無倦況於此輩夷獚之性歲歲調發奔走道途不得顧其家室其能以無倦且怨乎及事之平則又功歸於上而彼無所與兼有不才有司因而需索引誘與之爲姦其能以無怒且慢乎既倦且怨又怒以慢始而徵發愆期既而調遣不至上嫉下憤日深月積刼之以

勢而威益褻籠之以詐而術愈窮由是諭之而益梗撫之而益疑遂至於有今日加以叛逆之罪而欲征之夫即其已暴之惡征之誠亦非過然所以致彼若是已非一朝一夕之故且當反思其咎姑務自責自勵修我軍政布我威德撫我人民使内治外攘而我有餘力則近悅遠懷而彼將自服顧不復自反而一意憤怒之夫所可憤怒者不過岑猛父子及其黨惡數人而已其下萬餘之衆固皆無罪之人也今岑猛父子及其黨惡數人既云誅戮已足暴揚所遺二酋原非有名惡目自可寛宥者也又不勝二酋之憤遂

不顧萬餘之命竭兩省之財動三省之兵使民男不得耕女不得織數千里内騷然塗炭者兩年于茲然而二酋之憤至今尚未能雪也徒爾兵連禍結徵發益多財餽益殫民困益深無罪之民死者十已六七山獠海賊乘釁摇動窮迫必死之寇既從而煽誘之貧苦流亡之民又從而逃歸之其可憂危何啻十百於二酋者之爲患其事已兆而變已形顧猶不此之慮而汲汲於二酋則當事者之過計矣今當事者之於是役其悴心憔思亦可謂勤且至矣特發於憤激而狃爲其難是以勞而未效夫二酋者之沮兵拒險

亦不過畏罪逃死苟爲自全之計非如四方流刼之
賊攻城堡掠鄉村虜財物殺良民日爲百姓之患人
人欲得而誅之者今驅困憊之民使裹糧荷戈以征
不爲民患素無讐怨之虜此人心之所以不奮而事
之所以難濟也又今狼達土漢官兵亦不下數萬與
萬餘畏罪逋誅之虜相持已三月有餘而未能一決
者葢以我兵發機太早而四面防守太密是乃投之
無所往而示之以不必活葢使彼先慮預備并心協
力堅其必死之志以抗我師就使我師將勇卒奮決
能取勝亦必多殺士衆非全軍之道又況人無戰志

而徒欲合圍待斃坐收成功此我兵之所以雖衆而勢日以懈賊雖寡志日合備日密而氣日以銳者也夫當事者之意固無非欲計出萬全然以用兵而言亦已失之巧遲所謂强弩之末不能穿魯縞矣臣愚以爲且宜釋此二酋者之罪開其自新之路而彼猶頑梗自如然後從而殺之我亦可以無憾苟可曲全則且姑務息兵罷餉以休養瘡痍之民以絶覬覦之姦以弭不測之變迫於區處既定德威既洽蠻夷悅服之後此二酋者遂能改惡自新則我亦豈必固求其罪若其尚不知悛執而殺之不過一獄吏之事何

至兵甲之煩哉或者以爲征之不克而遽釋之則紀綱疑於不振臣竊以爲不然夫　天子於天下之民物如天覆地載無不欲愛養而生全之寧有撮爾小醜乃與之爭憤求勝而謂之振紀綱者惟後世貪暴諸侯強凌弱衆吞寡則必務於求勝而後已斯固王覇之罪人也昔苗頑不即工舜使禹益徂征三旬苗民逆命禹乃班師振旅夫以三聖人者爲之君師以征一頑苗謂宜終朝而克捷顧歷三旬之久而復至於班師以歸自今言之其不振甚矣然終致有苗之格而萬世稱聖古之所謂振紀綱者固若是耳臣以

匪才繆膺　重命得總制四省軍務以從事於偏隅之小醜非不知乘此機會可以僥倖成功苟免於怯懦退避然此必多調軍兵多傷士卒多殺無罪多費粮餉又不足以振揚威武信服諸夷僅能取快於二酋之憤而忘其遺患於兩省之民但知邀功於目前而不知投艱於日後此人臣喜事者之利非　國家之福生民之庇臣所不忍也臣又聞兩廣主計之吏謂自用兵以來所費銀兩已不下數十萬梧州庫藏所遺不滿五萬之數矣所食粮米已不下數十萬梧州倉廩所存不滿一萬之數矣由是言之尚可用兵

不息而不思所以善後之圖乎臣又聞諸兩省士民之言皆謂流官之設亦徒有虛名而反受實禍詰其所以皆云思恩未設流官之前土人歲出土兵三千以聽官府之調遣既設流官之後官府歲發民兵數千以防土人之反覆即此一事利害可知且思恩自設流官以來十八九年之間反者五六起前後征剿曾無休息不知調集軍兵若干費用糧餉若干殺傷良民若干　朝廷曾不能得其分寸之益而反爲之憂勞徵發浚良民之膏血而塗諸無用之地此流官之無益亦斷然可睹矣但論者皆以爲既設流官而

復去之則有更改之嫌恐啓人言而招物議是以寧使一方之民久罹塗炭而不敢明爲　朝廷一言寧負　朝廷而不敢犯衆議甚哉人臣之不忠也苟利於　國而庇於民死且爲之矣而何人言物議之足計乎臣始至地方雖未能周知備歷然形勢大畧亦可槩見田州切鄰交址其間深山絶谷皆猺獞之所盤據動以千百必須仍存土官則可藉其兵力以爲中土屏蔽若盡殺其人改土爲流則邊鄙之患我自當之自撤藩籬非久安之計後必有悔思恩田州處置事宜俟事平之日遵照　勅旨公同各官另行議

奏但臣既有所聞見不敢不先爲　陛下一言使
朝廷之上早有定處臣等得一意奉行不致往復查
議失誤事機可以速安反側實地方之幸臣等之幸
臣不勝受　恩感激竭忠願效之至

奏報田州思恩平復疏　七年二月十三日

嘉靖七年正月二十七日據廣西田州府目民盧蘇
陸豹黄笋胡喜邢相盧保羅王黄陳羅寬戴慶等連
名具狀爲悔罪投降陳情乞　恩事投稱先因本府
土官岑猛與泗城州屢年互相讐殺獲罪上司於嘉
靖五年六月内致蒙奏請官兵征勦臨境岑猛自思

原無反叛情由意得招撫先自同道士錢一真及親
信家人逃躲歸順州界蘇等俱各畏避四散逃入山
林止有各處寄住客戶千餘躲避不及冒犯官軍俱
蒙殺勦目民人等俱不敢抵抗官軍惟有陸綬不曾
遠遯當被擒斬其餘韋好羅河等俱蒙官軍陸續搜
山殺死驚於當年九月内歸順土官岑璋書報岑猛
見在該州前月已將道士錢一真功次假作岑猛解
報軍門爾可作急平定地方來迎爾主蘇等聽信遣
人節送衣服檳榔等件岑璋一一收受言說岑猛不
可輕易見人官府得知累我續於十月内岑璋又差

人促令邀同王受招復鄉村因見府治空虛乘便入城休息又遣迎岑猛岑璋回說爾今地方未定姑候來春我當發兵三十餘營送爾主來且替爾防守蘇等因此逃命屯聚以候岑猛並無叛心嘉靖六年正月有人傳說岑猛於天泉嵒內急病身死屍骨被岑璋燒燬金銀盡被收獲隨遣人去歸順探問又被岑璋殺死蘇等痛悔無由竊思官男岑邦彥先已齊村病故今聞岑猛又死無主可靠欲出投訴切見四方軍馬充斥聲言務要盡勦又恐飛禹附火必損其身又蒙上司陰使王受圖殺盧蘇又使盧蘇圖殺王受

反覆難信投降無路日切苦痛今幸　朝廷寬赦
欽命總制天星體天行道按臨在此神鬼信服蘇等
方敢捨命求生率領闔府目民男子大小人等共計
四萬餘名口盡數投降伏乞憫念生靈草命赦死立
功以贖前罪哀乞憐憫岑猛原無反叛情罪存其一
脉俯順夷情辦納粮差實爲萬幸等情并據思恩府
頭目王受蘇關黃容盧平韋文明佀馬黃留黃石陸
宗覃鑑潘成等亦連名具狀告同前事投稱本府原
係土官自改立流官開圖立里土俗不便柰緣小人
冥頑不諳漢法屢次擾亂不定受等同辭懇乞上司

仍立目甲不意反致官府嗔怪近又蒙官兵征勦田州要將受等一槩誅滅必要窮追逐捕只得逃遯山林蕪以八寨蠻子原以剽掠爲生乘機假受姓名每每攻圍城邑刼虜鄉村虛名受禍受等即欲挺身投訴見得四方軍馬把截兼聞陰使盧蘇圖殺王受又使王受圖殺盧蘇反覆難信以此連年抱苦控訴無由且受等頗知利害豈敢自速滅亡今幸 朝廷寬恩命總制天星按臨在此神鬼信服受等方敢率領所部目民男女大小人等共計三萬餘名口捨命投降伏乞詳情赦死以全草命更望俯順夷情仍復目

甲俟得辦納粮差實爲萬幸等因各投訴到臣據此

照得先於嘉靖六年七月初七日爲地方事節奉

勑諭先該廣西田州地方逆賊岑猛爲亂已令提督

兩廣等官都御史姚鏌等督兵進勦隨該各官奏稱

岑猛父子悉已擒斬巢穴蕩平捷音上聞已經降

勑奬勵論功行賞續該各官復奏惡目盧蘇倡亂復

叛王受攻陷思恩及節據石金所奏前項地方盧蘇

王受結爲死黨互相依倚禍孽日深將來不可收拾

又叅稱先後撫臣舉措失當姚鏌等攘夷無策輕信

寡謀圖田州已不可得并思恩胥復失之要得通行

查究追奪兵部議奏以各官先後所論事宜意見不同且兵連兩廣調遣事干鄰境地方必得重臣前去總制督同議處方得停當今特命爾提督兩廣及江西湖廣等處地方軍務星馳前去彼處即查前項夷情田州因何復叛思恩因何失守督同姚鏌等斟酌事勢將各夷叛亂未形者可撫則撫反形已露者當勦即勦一應主客官軍從宜調遣主副將官及三司等官悉聽節制公同計議應設土官流官何者經久利便并先令撫鎮等官有功有過分别大小輕重明白奏聞區處事體十分重大者具奏定奪朕以爾勲

蹟久著才望素隆特茲簡任爾務以體國爲心聞命
就道竭忠盡力大展謀猷俾夷患殄除地方安靖以
紓朕西南之憂仍須深慮却顧事出萬全一勞永逸
以爲廣人久遠之休毋得循例辭避以孤衆望欽此
欽遵隨於九月内節該兵部咨爲辭免重任乞 恩
養病事臣奏奉 聖旨卿識敏才高忠誠體國今兩
廣多事方藉卿威望撫定地方用紓朕南顧之懷姚
鏌已致仕了卿宜星夜前去節制諸司調度軍馬撫
剿賊寇安戢兵民勿再遲疑推諉以負朕望還差官
鋪馬裏齎文前去敦趣赴任行事該部知道欽此欽

遵當即啓行至十一月二十一日抵梧州涖任十一月内續准兵部咨爲地方大計緊急用人事該禮部右侍郎方獻夫奏節奉　聖旨方獻夫所奏關係地方大計鄭潤朱麒與姚鏌事同一體姚鏌已着致仕鄭潤等因賍情未寧暫且留用今既這等説鄭潤取回代替的朕自簡用朱麒應否去留着兵部會議并堪任更代的推舉相應官兩員來看田州應否設都御史在彼住劄還着王守仁議處具奏定奪欽此備咨前來知會俱經欽遵外本月初五日進至平南縣地方與都御史姚鏌交代二十二等日太監鄭潤總

兵官朱麒陸續各回梧州廣州等處聽候新任總兵太監交代去訖當臣公同巡按紀功御史石金右布政林富參政汪必東鄒輗副使祝品林大輅僉事汪溱張邦信申惠吳天挺參將李璋沈希儀張經及舊任副總兵今閑住都指揮同知張祐并各見在軍前用事等官會議得思恩田州之役兵連禍結兩省荼毒已踰二年兵力盡於哨守民脂竭於轉輸官吏罷於奔走即今地方已如破壞之舟漂泊於顛風巨浪中覆溺之患洶洶在目不待智者而知之矣今若必欲窮兵雪憤以收前功未論其不克縱復克之亦有

十患何者今　皇上方推至孝以治天下惻怛之仁覆被海宇惟恐一物不得其所雖一夫之獄猶慮有所虧枉　親臨斷決況茲數萬無辜之赤子而必欲窮搜極捕使之噍類不遺傷伐天地之和虧損好生之德其患一也屯兵十萬日費千金自始事以來所費銀米各已數十餘萬前歲之冬二酋復亂至今且餘二年未嘗與賊交一矢接一戰而其費已若此今若復欲進兵以近計之亦須數月省約其費亦須銀米各十餘萬計今梧州倉庫所餘銀不滿五萬米不滿一萬矣兵連不息而財匱粮絕其患二也調集之

兵遠近數萬屯戍日久人懷歸思兼之水土不服而前歲之疫死者一二萬人衆情憂惑自頃以來疾病死者不可以數無日無之潰散逃亡追捕斬殺而不能禁其未見敵而已若此今復驅之鋒鏑之下必有土崩瓦解之勢其患三也用兵以來兩省之民男不得耕女不得織已餘二年衣食之道日窮老稚轉乎溝壑今春若復進兵又將廢一年之耕百姓饑寒切身群起而爲盜不逞之徒因而號召之其禍殆有甚於思田之亂者其患四也論者皆以不誅二酋則無以威服土官是殆不然今所賴以誅二酋者乃皆土

官之兵而在我曾無一旅可恃之卒又不能宣布
主上威德明示賞罰而徒以市井狙獪之謀相欺相
誘計窮詐見益為彼所輕侮每一調發旗牌之官十
餘往反而彼猶驁然不出反挾此以肆其貪求縱其
吞噬我方有賴於彼縱之而不敢問彼亦知我之不
能彼禁也益狂誕而無所忌岑猛之僭妄亦由此等
積漸成之是欲誅一二逃死之遺孽而養成十餘岑
猛其患五也兩廣盜賊猺獞之巢穴動以數千百計
軍衛有司營堡關隘之兵時嘗召募增補然且不敷
今復盡取而聚之思田之一隅山猺海寇乘間竊發

遂至無可捍禦近益窺我空虛出掠愈頻爲患愈肆今若復聞進兵彼知事未易息遠近相煽蠭起我兵勢難中輟救之不能棄之不可其爲慘毒可憂尤有甚於饑寒之民其患六也軍旅一動餽運之夫騎征之馬各以千計每夫一名顧直一兩馬一匹四兩馬之死者則又追償其主之直是皆取辦於南寧諸屬縣百姓連年兵疫困苦已極而復重之以此其不亡而爲盜者則亦溝中之瘠矣其患七也兩省土官於岑猛之滅已各懷唇齒之疑其各州土目於蘇受之討又皆有狐兎之憾是以遲疑觀望莫肯効力所憑

恃者獨湖兵耳然前歲之疫湖兵死者過半其間固
多借債而來兵回之日死者之家例有償命銀兩總
其所費亦以萬數今茲復調踣頓道途不得顧其家
室亦已三年勞苦愁鬱潛逃而歸者相望於道誅之
不能止因一隅之小憤而重失三省土人之心其間
伏憂隱禍殆難盡言其患八也田州外捍交阯內屏
各郡其間深山絕谷又皆猺獞之所盤據若必盡誅
其人異時雖欲改土設流亦已無民可守非獨自撤
藩籬勢有不可抑亦藉膏腴之田以資猺獞而爲邊
夷拓土開疆其患九也既以兵克必以兵守歲歲調

發覺費無已秦時勝廣之亂實興於閭左之戍日一失制馭變亂隨生反覆相尋禍將焉極其患十也故爲今日之舉莫善於罷兵而行撫撫之有十善活數萬無辜之死命以明昭 皇上好生之仁同符虞舜有苗之征使遠夷荒服無不感恩懷德培 國家元氣以貽燕翼之謀其善一也息財省費得節縮贏餘以備他虞百姓無椎脂刻髓之苦其善二也久戍之兵得遂其思歸之願而免於疾病死亡脱鋒鏑之慘無土崩瓦解之患其善三也又得及時耕種不費農作雖在困窮之際然皆獲顧其家室亦各漸有回生

之望不致轉徙自棄而爲盜其善四也罷散土官之兵各歸守其境土使知　朝廷自有神武不殺之威而無所恃賴於彼陰消其桀驁之氣而沮懾其僭妄之心反側之姦自息其善五也遠近之兵各歸舊守窮邊沿海咸得修復其備禦盜賊有所憚而不敢肆城廓鄉村免於驚擾劫掠無虞内事外顧此失彼之患其善六也息饋運之勞省夫馬之役貧民解於倒懸得以稍稍甦復起呻吟於溝壑之中其善七也土民釋兎死狐悲之憾土官無脣亡齒寒之危湖兵遂全師早歸之願莫不安心定志涵育深仁而感慕德

化其善八也思田遺民得還舊土招集散亡復其家室因其土俗仍置酋長彼將各保其境土而人自爲守内制獠獞外防邉夷中土得以安枕無事其善九也土民既皆誠心悦服不須復以兵守省調發之費歲以數千官軍免跆頓道途之苦居民無往來騷屑之患商旅通行農安其業近悦遠來　德威覃被其善十也夫進兵行勦之患既如彼罷兵行撫之善復如此然而當事之人乃猶徃徃利於進兵者其間又有二幸四毁焉下之人幸有數級之獲以要將來之賞上之人幸成一時之捷以蓋前日之愆是謂二幸

始謀請兵而終鮮成效則有輕舉妄動之毀頓兵竭餉而得不償失則有浪費財力之毀聚數萬之衆而竟無一戰之克則有退縮畏避之毁循土夷之情而拂士夫之議則有形迹嫌疑之毀是謂四毀二幸蔽於其中而四毀惕於其外是以寧犯十患而不顧棄十善而不爲夫人臣之事君也殺其身而苟利於國滅其族而有裨於上皆甘心焉豈以僥倖之私毀譽之末而足以撓亂其志者今日之撫利害較然事在必行斷無可疑者矣於是衆皆以爲然二十六日臣至南寧府乃下令盡撤調集防守之兵數日之内解

散而歸者數萬有餘湖兵數千道阻且遠不易即歸仍使分留南寧賓州解甲休養待間而發初盧蘇王受等聞臣奉　命前來查勘始知　朝廷亦無必殺之意皆有投生之念日夜懸望惟恐臣至之不速已而聞太監總兵等官復皆相繼　召還至是又見防守之兵盡撤其投生之念益堅乃遣其頭目黃富等十餘人於正月初七日先赴軍門訴告願得掃境投生惟乞宥免一死臣等諭以　朝廷之意正恐爾等有所虧枉故特遣大臣前來查勘開爾等更生之路爾等果能誠心投順決當貸爾之死因復開陳　朝

廷威德備寫紙牌使各持歸省諭盧蘇王受等大意以爲岑猛父子縱無叛逆之謀即其兇殘酷暴慢上雲下自有可誅之罪今其父子黨與俱已伏其辜爾等原非有名惡目本無大罪至於部下數萬之衆尤爲無辜今因爾等阻兵負險致令數萬無辜之民破家失業父毋死亡妻子離散奔逃困苦已將兩年又上煩 朝廷興師命將勞擾三省之民爾等之罪固已日深但念爾等所以阻兵負險者亦無他意不過畏罪逃死苟爲自全之計其情亦有可憫方今 聖上推至孝之仁以子愛黎元惟恐一物不得其所雖

一夫之獄尚恐或有虧枉　親臨斷決何況爾等數萬之命豈肯輕意勦殺故今特遣大臣前來查勘開爾更生之路非獨救此數萬無辜之民亦使爾等得以改惡從善捨死投生牌至爾等部下兵夫即可解散各歸復業安生爾等即時出來投到決當宥爾之死全爾身家若遲疑觀望則天討遂行後悔無及限爾二十日內爾若不至是　朝廷必欲開爾生路而爾必欲自求死路進兵殺爾亦可以無憾矣蘇受等得牌皆羅拜踴躍歡聲雷動當即撤守備具衣糧盡率其衆掃境來歸本月二十六日俱至南寧府城下

分屯爲四營明日蘇受等皆囚首自縛各與其頭目數百人赴軍門投見號哀控訴各具投狀告稱前情乞免一死願得竭力報效臣等看得蘇受等所訴情節亦與臣等前後所聞所訪大畧相同其間雖有飾說亦多真情良可哀憫因復照前牌諭所稱諭以朝廷恩德以爲　朝廷既已赦爾等之死許爾投降寧肯誘爾至此又復殺爾虧失信義爾之一死决當宥爾矣爾可勿復憂疑但爾蘇受二人擁衆負險雖由畏死然此一方爲爾之故騷擾二年有餘至上煩九重之慮下疲三省之民若不畧示責罰亦何以舒

泄軍民之憤於是下盧蘇王受於軍門各杖之一百衆皆合辭扣首爲之請命乃解其縛諭以今日宥爾一死者是　朝廷天地好生之仁杖爾一百者乃我等人臣執法之義於是衆皆扣首悅服臣亦隨至其營撫定餘衆皆莫不感泣懽呼皆謂　朝廷如此再生之恩我等誓以死報及據狀末告乞憐憫岑猛原無反叛情罪存其一脉俯順夷情辦納糧差一節自臣奉　命而來沿途詢諸商賈行旅訪諸士夫軍民莫不以爲宜從夷俗仍立土官庶可永久無變不然反覆之患終恐不免及臣至此又公同大小各官審

度事勢屢經酌量議處亦皆以爲治夷之道宜順其情臣於先次謝　恩本內已經畧具奏　聞至是因其控告哀切當即遵照　勅諭便宜事理許以其情奏請且諭以　朝廷之意無非欲生全爾等爾等但要誠心向化改惡從善竭忠報　國勿慮　朝廷不能順爾之情於是又皆感泣歡呼皆謂　朝廷如此再生之恩我等誓以死報且乞即願殺賊立功以贖前罪臣因諭以　朝廷之意惟願生全爾等今爾方來投生豈忍又驅之兵刃之下爾等逃竄日久家業破蕩且宜速歸完爾家室及時耕種脩復生理至

於各處盜賊軍門自有區處不須爾等剿除待爾家事稍定徐當調發爾等於是又皆感泣歡呼皆謂朝廷如此再生之恩我等誓以死報臣於是遂委右布政林富舊任總兵官張祐分投省諭安插其衆俱於二月初八日督令各歸復業去訖地方之事幸遂平定皆 皇上至孝達順之德感格上下神武不殺之威震懾鬼神風行於廟堂之上而草偃於百蠻之表是以班師不待七旬而頑夷即爾來格不折一矢不戮一卒而全活數萬生靈是所謂綏之斯來動之斯和者也臣以蹇劣繆承任使仰賴 鴻休得免罪

責快覩　威明豈勝慶幸除將設立土官及地方一
應經久事宜遵照　勑旨公同各官再行議處另行
具奏外緣係奏報平復地方事理爲此具本專差冠
帶舍人王洪親齎謹具題　知

處置平復地方以圖久安疏　七年四月初六日

臣聞傳說之告高宗曰明王奉若天道建邦設都樹
后王君公承以大夫師長不惟逸豫惟以亂民今天
下郡縣之設乃有大小繁簡之別中土邊方之殊流
官土襲之不同者豈故爲是多端哉蓋亦因其廣谷
大川風土之異氣人生其間剛柔緩急之異禀服食

器用好惡習尚之異類是以順其情不違其俗循其故不易其宜要在使人各得其所固亦惟以亂民而已矣臣以迂庸繆膺重命勘處兵事於茲土節該欽奉　勑諭謂可撫則撫當勦即勦是　陛下之心惟在於除患安民未嘗有所意必也又節該欽奉　勑諭謂賊平之後公同議處應設土官流官何者經久利便是　陛下之心惟在於安民息亂未嘗有所意必也始者思田梗化既舉兵而加誅矣因其悔罪來投遂復宥而釋之固亦莫非仰體　陛下不嗜殺人之心惓惓憂憫赤子之無辜也然而今之議者或以

爲流官之設中土之制也巳設流官而復去之則嫌
於失中土之制土官之設蠻夷之俗也巳去土官而
復設之則嫌於從蠻夷之俗二者將不能逃於物議
其何以能建事而底績乎是皆不然夫流官設而夷
民因以騷亂仁人君子亦安忍寧使斯民之騷亂而
必於流官之設者土官去而夷民服何苦而必土官
乎夫惟土官一去而夷民因以背叛仁人君子亦安
忍寧使斯民之背叛而必於土官之去者是皆虞目
前之毀譽避日後之形迹苟爲周身之慮而不爲
國家思久長之圖者也其亦安能仰窺 陛下如天

之仁固平平蕩蕩無偏無黨惟以亂民爲心乎臣於思恩田州平復之後即巳仰遵　聖諭公同總鎮鎮巡副參三司等官太監張賜御史石金等議應設流官土官何者經久利便不得苟有嫌疑避忌而心有不盡謀有不忠乃皆以爲宜仍土官以順其情分土目以散其黨設流官以制其勢蓋蠻夷之性譬猶禽獸麋鹿必欲制以中土之郡縣而繩之以流官之法是羇麋鹿於堂室之中而欲其馴擾帖服終必觸樽俎翻几席狂跳而駭擲矣故必放之閒曠之區以順適其獷野之性今所以仍土官之舊者是順適其獷

野之性也然一惟土官之爲而不思有以散其黨與制其猖獗是縱麋鹿於田野之中而無有乎墻墉之限豶牙童梏之道終必長奔直竄而無以維縶之矣今所以分立土目者是墻墉之限豶牙童梏之道也然分立土目而終無連屬綱維於其間是畜麋鹿於苑囿而無守視之人以時修其墻墉禁其羣觸終將踰垣遠逝而不知踐禾稼决藩籬而莫之省矣今所以特設流官者是守視苑囿之人也議旣僉同臣猶以爲土夷之心未必盡得而窮山僻壤或有隱情也則亦安能保其必行乎則又備歷田州思恩之境按

行其村落而經理其城堡因而以其所以處之之道
詢諸其目長率皆以爲善又以詢諸其父老子弟又
皆以爲善又以詢諸其頑鈍無耻廝役下賤之徒則
又亦皆以爲善然後信其可以久行而處或幸免於
他日之戮也矣夫然後敢具本以請亦恃　聖明在
上洞見萬里而無微不燭故臣得以信其愚忠不復
有所顧忌然猶反覆其辭而更互其説者非敢有虞
於　陛下不能亮臣之愚良以今之士人率多執巳
見而倡臆説亦足以摇衆心而憤成事故臣不避煩
舌之騰者亦欲因是以曉之也煩瀆　聖聽臣不勝

戰慄惶懼之至緣係處置平復地方以圖久安長治事理未敢擅便爲此開坐具本請　旨

計開

一特設流官知府以制土官之勢臣等議得思田初服　朝廷威德方新今雖仍設土官數年之間決知可無反側之慮但十餘年後其衆日聚其力日強則其志日廣亦將漸有縱肆幷兼之患故必特設流官知府以節制之其御之之道則雖不治以中土之經界而納其歲辦租稅之入使之知有所歸効雖不蒞以中土之等威而操其襲授調發

之權使之知有所統攝雖不繩以中土之禮教而制其朝會貢獻之期使之知有所尊奉雖不嚴以中土之法禁而申其冤抑不平之鳴使之知有所赴訴因其歲時伏臘之請慶賀叅謁之來而宣其間隔之情通其上下之義矜其不能教其不逮寓警戒於温恤之中消獷強於涵濡之内使之日馭月習忽不自知其爲善良之歸蓋含洪坦易以順其俗而委曲調停以制其亂此今日知府之設所以異於昔日之流官而爲久安長治之策也臣等看得田州故地寬衍平曠堪以建設流官衙門但

其衝射凶惡居民弗寧今擬因其城垣略加改創修理備立應設衙門地僻事簡官不必備環府之田二甲皆以屬之府官府官既無民事案牘之擾終歲可以專力於農爲之闢其荒蕪備其旱潦通其溝洫亍力不足則聽其募人耕種官給牛具種子歲收其入三分之二以廩官吏而其餘以食佃人城之内外漸置佃人廬舍而歲益增募招徠以充實之田州舊有商課仍許設於河下薄取其稅以資祭祀賓旅柴薪馬夫之給凡流官之所須者一不以賦於土夷如此則雖草創之地而三四年

後亦可以漸爲富庶之鄉若其經營之始則且須仰給於南寧府庫逮其城郭府治完備事體大定然後總會其土夷之所輸公田之所入商税之所積每歲若干而官吏之所需者每歲若干斟酌通融立爲經久之計又必上司之制用者務從寬假無大苛削官吏其土者得以優裕展布無局促牽制之繁此又體悉遠臣綏柔荒服之道也至於思恩舊已設有流官但因開圖立里繩以郡縣之法是以其民遂亂今宜照舊仍設流官知府聽其土目各以土俗自治而其連屬制御之道悉如臣等

前之所議庶可經久無患均乞 聖明裁處

一仍立土官知州以順土夷之情臣等議得岑氏世有田州其繫戀之私恩久結於人心今岑猛雖誅各夷無賢愚老少莫不悲愴懷思願得復立其後故蘇受之變翕然蠭起不約而同自官府論之則皆以為苗頑逆命之徒在各夷言之則皆自以為嬰臼存孤之義故自兵興以來遠近軍民往往亦有哀憐其志而反不直官府之為者況各夷告稱其先世岑伯顏者嘗欽奉 太祖高皇帝勑旨岑黃二姓五百年忠孝之家禮部好生看他着江

夏侯護送岑伯顔爲田州府土官知府職事傳授子孫代代相繼承襲欽此欽遵其後如岑永通岑祥岑紹岑鑑岑鏞岑溥皆嘗著征討之績有保障之功猛之暴虐騷縱罪雖可戮而往歲姚源之役近年劉召之勦亦皆聞關奔走勤勞在人各夷告稱官兵未進之先猛尚遣人奉　表朝賀貢獻又遣人齎本赴　京控訴官兵將進之時猛遂率衆遠遯未嘗敢有抗拒以此言之其無反叛之謀踪跡頗明今欲仍設土官以順各夷之情而若非岑氏之後彼亦終有未服故今日土官之立必須岑

氏子孫而後可臣等看得田州府城之外西北一隅地形平坦堪以居民議以其地降爲田州而於舊屬四十八甲之内割其八甲以屬之聽以其土俗自治立岑猛之子一人始授以署州事吏目三年之後地方寧靖効有勤勞則授以判官六年之後地方寧靖効有勤勞則授以爲同知九年之後地方寧靖効有勤勞則授以爲知州使承岑氏之祀而隸之流官知府其制御之道則悉如臣等前之所議如此則　朝廷於討猛之罪記猛之勞追錄其先世之忠俯順其下民之望者兼得之矣昔

文武之政罪人不孥興滅繼絕而天下之民歸心遠近蠻夷見　朝廷之所以處岑氏者若此莫不曰猛肆其惡而舉兵加誅法之正也明其非叛而不及其孥仁之至也録其先忠而不絶其祀德之厚也不利其土而復與其民義之盡也矜其冥頑而曲加生全恩之極也即此一舉而四方之土官莫不畏威懷德心悅誠服信義昭布而蠻夷自此大定矣此今日知州之設所以異於昔日之土官而爲久安長治之策也臣等又看得岑猛之子存者二人其長者爲岑邦佐其幼者爲岑邦相邦佐

自幼出繼武靖州爲知州前者徒以誅猛之故有司奏請安置於漳州然彼實無可革之罪今日田州之立無有宜於邦佐者但武靖當徭賊之衝而邦佐素得其民心其才足能制御邇者武靖之民以盜賊猖熾州民無主之故往往來告願得復還邦佐爲知州以保障地方臣等方欲爲之上請如若更一人諸夷未必肯服莫若仍以邦佐歸之武靖而立邦相於田州用其強立有能者於折衝捍禦之所而存其幼弱未立者於安守宗祀之區庶爲兩得其宜至於思恩則岑濬之後已絕自不必

復有土官之設矣均乞　聖明裁處

一分設土官巡檢以散各夷之黨臣等議得土官知州既立若仍以各土目之兵盡屬於知州則其勢幷力衆驕恣易生數年之後必有報讐復怨吞弱暴寡之事則土官之患猶如故也且土目既屬於土官而操其生殺予奪之權則彼但惟土官之是從寧復知有流官知府者則流官知府雖欲行其控御節制之道施其綏懷撫恤之仁亦無因而與各土目者相接矣故臣等議以舊屬八甲割以立州之外其餘四十甲者每三甲或二甲立以爲

一巡檢司而屬之流官知府每司立土巡檢一員以土目之素爲衆所信服者爲之而聽其各以土俗自治其始授以署巡檢司事土目三年之後而地方寧靖効有勤勞則授以冠帶六年之後而地方寧靖効有勤勞則授以爲土巡檢其糧稅之入則徑納於流官知府而不必轉輸於州之土官以省其費其軍馬之出亦徑調於流官知府而不必轉發於州之土官以重其勞其官職土地各得以傳諸子孫則人人知自愛惜而不敢輕犯法其襲授予奪皆必經由於知府則人人知所依附而不

敢輒攜貳勢分難合息朋奸濟雲之謀地小易制絕恃衆跋扈之患如此則土官既無羽翼爪牙之助而不敢縱肆於爲惡土目各有土地人民之保而不敢黨比以爲亂此今日巡檢之設所以異於昔日之土目而爲久安長治之策也至於思恩事體悉與田州無異亦宜割其目甲分立以爲土巡檢司聽其以土俗自治而屬之流官知府其辦納兵粮與連屬制御之道一如田州則流官之設既不失　朝廷之舊巡司之立又足以散土夷之黨而土俗之治復可以順遠人之情一舉而兩得矣

均乞　聖明裁處

一田州既改流官亦宜更其府名初岑猛之將變忽有石自田州江心浮出傾卧岸側其時民間有田石傾田州兵田石平田州寧之謡猛甚惡之禁人勿言密起百餘人夜平其石旦即復傾如是者屢屢已而果有兵變今年二月盧蘇等既來投順歸視其石則以平矣皆共喜異傳以爲祥臣至田州親視其石聞土人之言如此民間多取田寧二字私擬其名臣等欲乞　朝廷遂以此意命之雖非大義所關亦足以新耳目而定人心之一端也

其該府所設官員臣等擬於知府之外佐貳則同知或通判一員首領則經歷知事各一員吏胥畧具而已今見在者已有通判張華知事林光甫照磨李世亨其知府亦已選有一員陳能然至今尚未到任臣嘗訪詢其故咸謂陳能原奉 朝廷陞廣西布政司右參政管田州府事又賜之 勑旨以重其權吏部奏有 欽依令其先赴該司到任然後往蒞田州該司左布政嚴紘謂其既掌府事即係屬官不得於該司到任陳能遂竟還原籍至今亦不復來參照嚴紘妄自尊大但知立上司之

體勢而輙敢慢視　勑旨蔑廢部移固已深爲可罪陳能則褊狹使氣徒欲申一巳之小憤而遂爾委　朝命於草莽棄職任如敝屣使爲人臣者而皆若是則地方之責焉所寄託而　朝廷威令何以復行乎臣等所訪如此但未委虛的乞將二人通行提究重加懲戒以警將來臣覩陳能氣性悻悻若此亦非可使以綏柔新附之民者看得廣東化州林寬舊任南康通判翦緝又安諸賊甚得調理且其才識通敏幹辦勤勵臣時巡撫江西深知其有可用近因田州改建府治修復城垣地方無

官可任已經行文委令經理其事即若陞以該府同知而使之久於其職其所建立必有可觀迨其累有成績遂擢以爲知府使終身其地彼亦欣然過望必且樂爲不倦爲益地方决知不少矣大抵田州之亂起於搜剔太甚今其歸附皆出誠心原非以兵力强取而得者故不過爲振厲駕抑急其機防反足生變但與之休養生息略施控御其間可矣夫走狗逐兎而捕鼠以狸人之才器各有所宜也伏乞　聖明采擇

一思恩府設立流官亦宜如田州之數其知府一

員吳期英者見在但已屢有奔逃之辱難以復臨其下然未有可去之罪且宜改用於他所姑使之自効可矣看得郴州府同知桂鼇督餉賓州思恩之人聞其行事頗知信向近以修復思恩府治委之經理其所謀猷雖未見有大過於人然皆平實詳審不爲浮餙似於思恩之人爲宜苟未能灼知超然卓異之才舉而用之以一新政化則得如鼇者畀而使之姑且修弊補罅休勞息困以與久疲之民相安於無事當亦能有所濟也乞 勅吏部再加裁酌而改用之

一田州各甲今擬分設爲九土巡檢司其思恩各
城頭今擬分設爲九土巡檢司各以土目之素爲
衆所信服者管之其連屬之制陞授之差俱已備
有前議但各甲城頭既已分析若無人管理復恐
或生獘端臣等遵照 勑諭便宜事理已先行牌
仰各頭目暫且各照分掌管辦納兵糧候奏請
命下然後欽遵施行
一田州淩時甲完冠砦陶甲腮水源坤官位甲舊
朔勒甲秉州子半甲共四甲半擬立爲淩時土巡
檢司擬以土目龍寄管之緣龍寄先來投順故分

甲比衆獨多
一田州砦馬甲略羅博甲温甲共三甲擬立爲砦馬
土巡檢司擬以土目盧蘇管之
一田州大田子甲那帶甲錦養甲共三甲擬立爲
大田土巡檢司擬以土目黃富管之
一田州萬洞甲周甲共二甲擬立爲萬洞土巡檢
司擬以土目陸豹管之
一田州陽院右鄧甲控講水冊槐並畔甲共二甲
擬立爲陽院土巡檢司擬以土目林感管之
一田州思郎那召甲含甲共二甲擬立爲思郎土

巡檢司擬以土目胡喜管之

一田州累彩甲子軒憂甲篤忻下甲共三甲擬立爲累彩土巡檢司擬以土目盧鳳管之

一田州怕何甲速甲共二甲擬爲怕何土巡檢司擬以土目羅玉管之

一田州武龍甲里定甲共二甲擬立爲武龍巡檢司擬以土目黃笋管之

一田州栱甲白石甲共二甲擬立爲栱甲土巡檢司擬以土目邢相管之

一田州床甲砦例甲共二甲擬立爲床甲土巡檢

司擬以土目盧保管之

一田州婪鳳甲工堯降甲共二甲擬立爲婪鳳土巡檢司擬以土目黃陳管之

一田州下隆甲周甲共二甲擬立爲下隆土巡檢司擬以土目黃對管之

一田州縣甲環甫蛙可甲共二甲擬立爲縣甲土巡檢司擬以土目羅寬管之

一田州篆甲煉甲共二甲擬立爲篆甲土巡檢司擬以土目黃來管之

一田州砦桑甲義寧江那半甲共一甲半擬立爲

砦桑土巡檢司擬以土目戴德管之

一田州思幼東平夫棒甲盡甲子半甲共一甲半擬立爲思幼土巡檢司擬以土目楊趙管之

一田州侯周怕豐甲一甲擬立爲侯周土巡檢司擬以土目戴慶管之

一思恩興隆七城頭兼都陽十城頭擬立爲興隆土巡檢司擬以土目韋貴管之緣韋貴先來向官故授地比衆獨多

一思恩白山七城頭兼丹良十城頭擬立爲白山土巡檢司擬以土目王受管之

一思恩定羅十二城頭擬立爲定羅土巡檢司擬以土目徐五管之

一思恩安定六城頭擬立爲安定土巡檢司擬以土目潘良管之

一思恩古零通感那學下半四堡四城頭擬立爲古零土巡檢司擬以土目覃益管之

一思恩舊城十一城頭擬立舊城土巡檢司擬以土目黃石管之

一思恩那馬十六城頭擬立爲那馬土巡檢司擬以土目蘇關管之

一思恩下旺一城頭擬立爲下旺土巡檢司擬以
土目韋文明管之
一思恩都陽中團一城頭擬立爲都陽土巡檢司
擬以土目王留管之
右各目之内惟田州之龍寄思恩之韋貴徐五事
體於各目不同而韋貴又與徐五龍寄稍異蓋韋
貴於事變之始即來投順官府又嘗効有勤勞宜
不待三年而即與之以實授土巡檢以旌其功徐
五亦隨韋貴投順而効勞不及龍寄雖無功勞而
投順在一年之前二人者宜次韋貴不待三年而

即與之以冠帶三年而即與之以實授土巡檢如此則功罪之大小捘順之先後皆有差等而勸懲之道著矣或又以盧蘇王受不當與各土目並立者臣等又以爲不然方其率衆爲亂則蘇受者固所謂罪之魁矣及其率衆來降則蘇受者又所謂功之首也況二府目民又皆素服二人今若立各土目而二人不與非但二人者未能帖然於衆目之下衆目固亦未敢安然而處其上非所以爲定亂息爭之道也故臣等仍議以盧蘇王受爲衆目之首庶幾事體穩帖而人心允服矣

一田州思恩各官目人等見監家屬男婦初擬解京今各目人等旣已投順則其家屬男婦相應給還領養均乞　聖明裁允

一田州新服用夏變夷宜有學校但瘡痍逃竄之餘尚無受廛之民焉有入學之士况齋膳廩餼俱無所出即欲建學亦爲徒勞然風化之原終不可緩臣等議欲於附近府州縣學教官之內令提學官選委一員暫領田州學事聽各學生徒之願改田州府學及各處儒生之願來田州附籍入學者皆令寄名其間所委教官時至其地相與講肄游

息或於民間興起孝弟或倡遠近舉行鄉約隨事開引漸爲之兆俟休養生息一二年後流移盡歸商旅湊集民居已覺既庶財力漸有可爲則如學校及陰陽醫學之類典制之所宜備者皆聽該府官以次舉行上請然後爲之設官定制如此則施爲有漸而民不知擾似亦招來塡實之道鼓舞作新之機也均乞　聖明裁處

一思田去梧州水陸一月之程軍門隔遠難於控馭調度兼之府治雖立而規制未成流官雖設而職守未定且瘡痍未復人心憂惶須得重臣撫理

臣等已經具　題乞將右布政林富量陞憲職存留舊任副總兵張祐使之更迭往來於二府地方綏緝經理仍乞　賜以便宜　勅書將南寧賓州等府衛州縣及東蘭南丹泗城那地都康向武等土官衙門俱聽林富等節制臣等所議地方經久事宜俟奏請　命下之日悉以委之林富等使之欽遵以次施行庶幾事無隳墮而功可責成矣

計處地方疏　十五年五月十五日

臣惟財者民之心也財散則民聚民者邦之本也本固則邦寧故文帝以賜租致富樂之效太宗以裕民

成給足之風君民一體古今同符臣會同巡按江西監察御史唐龍議照寧賊宸濠志窮荒度謀肆併吞其於民間田地山塘房屋等項或用勢强占或減價賤買或因官本准折或撥別事抄收有中人之家者一遭其毒即無棲身之所有上農之田者一中其奸即無用鋤之地尤且虛填契書以杜人言私置簿籍以增租額利歸一己害及萬家故先有副使胡世寧直言指陳續該科道等官交章舉發言皆有據事非無徵近奉　詔書曰宸濠天性兇惡自作不靖强奪官民田產動以萬計則　陛下明以燭姦深知宸濠

田產皆奪諸百姓者也又曰占奪田產悉還本主則陛下仁以閔下盡欲舉百姓之田產而給還之也聖言猶在昭如日星國信不移堅如金石始者宸濠既敗該臣等巳行守巡等官將該府及各賊黨田地房屋委令府縣等官俱抄沒在官造報在冊矣但委官查勘之時正事變搶攘之際業主驚散俱未寧家上司督責急欲了事依契溷查憑人浪報多寡是較占買未分　明詔雖有給主之條小民猶抱失業之恨昔之居不得而居也昔之田不得而食也澤未下究怨徒上歸况屋無主則毀地不耕則荒故兵馬之

後死徒僅存田野之間草萊漸長兼以勢室豪強恣行包侵之計奸徒私竊動開埋沒之端及今審處不早將來遺失益多再照前項田產多在南昌新建二縣受害獨深人人被其誅求家家被其檢括將賊師起事抄掠尤慘官兵破圍傷殘未蘇財盡已極民困莫加查得二縣額派兊軍淮安京庫三項粮米共十一萬九千石有零　淮鹽二府祿米共四千二石節奏寬免未奉停徵運官守催旗校逼取勢急若火累積如山民納不前官宜爲處及照一方之統會在於省城各府之錢粮併於司庫查得本布政司官庫見

被賊兵刼搶繼因軍餉動支官吏徒守乎空櫃紙筆亦賖于鋪家大兵必有荒年民窮必有盜賊萬一變生無常釁起不測則寸兵尺鐵皆無所需束芻斗粮亦不能辦公私失恃緩急可憂再照省城各門城樓窩鋪及諸司衙門先是王府占據多屬踈隘近因兵火蔓延半遭蕩焚夫城樓者一方防禦之所關衙門者諸司政令之所出託始創新固無民力因陋就簡見有官房如蒙乞

勅該部查議將前項抄沒過寧府及各賊黨下田地山塘房屋等項行令布政司會同按察司各掌印官及分守分巡官并府縣官從實

覆行查勘明白委係占奪百姓者遵照　詔書內事
理各給還本主管業及將於內官房酌量移改城樓
窩鋪衙門餘外無碍田地山塘房屋仍令各官公同
照依時估變賣價銀入官先儘撥補南新二縣充軍
淮安京庫折銀糧米及　王府禄米外有羨餘收貯
布政司官庫用備緩急仍禁約勢豪之家不得用強
占買各委官亦不得畏勢市恩致招物議凡撥給變
賣事情若有勢豪強占强買及委官畏勢市恩各情
弊許撫按衙門指實糾劾懲究施行事完該司將各
項數目徑自造冊奏報并呈該部查考是蓋以百姓

之產納百姓之粮以地方之財還地方之用民沾[illegible]

而　國不費事就緒而財不傷書曰守邦在衆易曰聚人曰財惟　陛下留意焉緣係計處地方事理未敢擅便爲此具本請　旨

邊方缺官薦才贊理疏　七年七月初六日

邇者思恩田州之變諸夷感慕　聖化悔罪求生已蒙浩蕩之仁宥納而撫全之地方亦旣寧定矣但凋弊之餘必須得人以時綏緝況兩府設立流官衙門及修築城池營堡等項百務並舉若無專官夙夜經理催督則事無統紀功難責成已經臣等具題乞將

右布政林富等陞職留撫隨蒙將林富陞任去訖又經臣等仍乞推選相應官員替任俱未奉　明旨臣着得今歲例當朝　覲各該掌印官員不久皆將赴京而廣西布按二司等官適多遷轉去任者右布政林富陞鄖陽副都御史叅政黃芳陞江西布政副使李如圭陞陝西按察使叅政龍誥叅議汪必東僉事吳天挺等督押湖兵出境往復之間即須半年叅議鄒輗僉事申惠皆賫捧表箋進京其餘雖有一二新除官員皆未到任止存左布政嚴紘按察使錢宏各掌司印僉事張邦信分巡桂林李傑分巡蒼梧而臣

在南寧思田等處與猺往來調度再無一官隨從贊
理者近日止有兵備副使翁素來管右江道事緣其
才性乃慈祥愷悌之人用之中土分理司事足爲循
良而置之邊方瘴癘多事之鄉則其禀質稍弱不耐
崎險易生疾病似於風土亦非所宜臣看得爲民副
使陳槐平生奮志忠節才旣有爲而又能不避艱險
致仕知府朱衮年力壯健才識通敏去任副使施儒
學明氣克忠信果斷閑任副使楊必進曉練軍務識
達事機此四人者皆堪右江兵備之任施儒舊爲兵
備於潮惠楊必進舊爲兵備於府江皆嘗著有成績

兩地夷民至今思念不忘若於四人之中選用其一其於地方之事必有所濟及照田州新附之地知府陳能尚未到任該臣看得化州知州林寬舊在江西知其才能足充任使已經具奏行委見在該府管事但其禀質乃亦不禁炎瘴於風土非宜蒞事以來終月卧病呻吟床席軀命且不能保又何能經理地方之事乎臣又訪得潮州府推官李喬木者才力足以有爲而又熟知土俗夷情服於水土但係梧州籍貫稍有鄉里之嫌臣看得廣西軍衛有司衙門所屬官員及各學教職亦皆多用本省士人今田州雖設流

官知府而其所屬乃皆土夷自無鄉里之嫌可避亦
與各教職無異者乞　勑吏部改用林寬於別地俯
採臣議將李喬木改陞田州同知庶可使之久於其
任以責成功則地方之幸臣之幸也臣惟任賢圖治
得人實難其在邊夷絶域反覆多事之地則其難尤
甚何者反覆邊夷之地非得忠實勇果通達坦易之
才固未易以定其亂有其才矣使不諳其土俗而悉
其情性或過剛使氣率意徑行則亦未易以得其心
得其心矣使不耐其水土而多生疾病亦不能以久
居於其地以收積累之効而成可底之績故用人於

邊方必兼是三者而後可即如右江一兵備此臣之所最切心者臣竊爲吏部私計其人終夜不寢而思之竟未見有快心如意者蓋兼是三者而求之也如前所舉四人者固皆可用之才今乃皆爲時例所拘棄置不用而更勞心遠索則亦過矣臣近於南寧思田諸處因無可用之才調取其發身科第以遷謫而至者三四人其志向才識果自不羣足可任用但到未旬日而輒以患病告歸皆相繼狼狽扶携而去矣不得已就其見在者而使之則皆庸劣陋下素不可齒於士類者然無可柰何則畧其全體之惡而用其

一股之能既其終事所就不能以尺寸而破壞則尋丈矣用是觀之亦何怪乎斯土之民愈困亂愈積而禍日以深也哉是固相沿積習之弊不及今一洗而改革之邊患未見其能有瘳也夫今之以朝覲考察而去者固多貪暴不才之人矣其間乃有雖無過人之才而亦無顯著之惡尚在可用不可用之間者皆未暇論至其平生磊落自負卓然思有所建立而其學識才能果足以有爲者乃爲一時愛憎毁譽之所亂亦遂忞然就抑而去斯固天下之所共爲不平公論彌彰者孰得而終掩之　陛下何不使在位大臣

一時各舉十餘人之可用者　陛下合而考之若一人舉之而九人不舉未可也三人舉之而七人不舉巳在所察矣五人舉之而五人不舉其察又宜詳矣或七人八人舉之而一二人不舉則其人之可用亦斷在不疑者矣若此者亦在朝覲二次三次之後或七年或十年而後一舉夫身退十年之後則是非巳明公論巳定雖有黨比自不能容今邊方絶域無可用之人至取其庸劣陋下者而使之以滋益地方之苦弊其豪傑可用之才乃爲時例所拘棄置而不用夫所謂時例者固　朝廷爲之也可拘而拘不可拘

而不拘無不可者　陛下何忍一方之禍患日深月
積乃惜破例而用一人以救之乎夫考察而去者果
皆貪惡庸陋之徒則固營營苟苟無時而不僥倖以
求進若磊落自負有過人之見者則雖屈抑而退自
放於山水田野之間亦足以自樂今若用之於邊夷
困弊之地殆亦未必其所欲但爲　朝廷愛惜人才
則當此　宵旰側席遑遑求賢之日而使有用之才
廢棄終身乃不得已至取其庸劣陋下者而用之以
益民困豈不大可惜乎臣因地方缺人心切其事不
覺其言之煩瀆伏望　陛下恕其愚妄下臣議於吏

部採擇而去取之臣不勝瀆冒恐懼之至

處置八寨斷藤峽以圖永安疏 嘉靖七年七月十二日

照得臣於去歲奉 命勘處思田兩府皆蒙 皇上天地好生之仁悉從寬宥兩府人民今皆復業安居化爲無事寧靖之地自此可以永無反覆之患而免於防守屯息之勞矣惟是八寨及斷藤峽諸賊積年痛毒生民千百里內塗炭已極臣旣目覩其害不忍坐視而不救遂遵奉 勑諭事理乘機舉兵征勦仰賴 神武威德幸已剪滅蕩平一方倒懸之苦畧已爲之一解但將來之患不可以不預防而事機之會

亦不可以輕失臣因督兵親歷諸巢見其形勢要害各有宜政立衛所開設縣治以斷其脉絡而扼其咽喉者若失今不爲則數年之間賊必漸復歸聚生息不過十年又有地方之患矣臣以多病之故自度精神力量斷已不能了此但已心知其事勢不得不然不敢仰負 陛下之託俯貽地方之憂輒已遵奉

勑諭便宜事理一面相度舉行不避煩瀆之誅開陳

上請乞 賜採擇施行實地方之幸臣等之幸

計開

一移築南丹衛城於八寨臣等看得八寨之賊實

為柳慶諸賊之根柢蓋其東連柳州雒蛤三都嶺三北四等處賊峒以數十北連慶遠忻城東歐莫往人仙等處賊峒亦以數十西連東蘭等州及夷江土者等處賊峒以十數南接思恩及賓州上林縣諸處賊村亦以十數各處賊巢雖多其小者僅百數人大者不過數百人及千人而止各賊巢穴皆有山谿之限險阨之守不相通和至期有急或欲有所攻刼糾合會聚然後有一二千之衆多至數千者惟八寨之賊每寨有衆千餘四山環合同據一險無事則分路出刼有警急奔入其巢數千

之衆皆不糾而聚不約而同不謀而合故名雖爲
八實則一寨此八寨之賊所以勢衆力大而自來
攻之有不能克者也各巢之賊皆倚恃八寨爲逋
逃主每有緩急一投八寨即無所致其窮詰八寨
爲之一呼則群賊皆應聲而聚故群賊之於八寨
猶車輪之有軸樹木之有本若八寨不除則群賊
決無衰息之期也今幸八寨悉已破蕩正宜乘此
平靖之時據其要害建置衛所以控馭群賊臣等
看得周安堡正當八寨之中四方賊巢道路之所
會議於其地創築一城度可以居數千之衆者而

移設南丹一衛於其間蓋南丹衛舊在南丹州地方爲廣西極邊窮苦之地非中土之人所可居者故自先年屢求内徙今已三遷而至賓州遂爲中土富樂之鄉賓州既有守禦千戸一所官軍而又益以南丹一衛自遠來徙無片田尺土之籍但惟安居坐食取給於賓州州城之内皆職官旗舍之居州民反避處於四遠村寨每遇糧差徭役然後入城故州官號令不行於城中而政事牽沮地方益弊今計一衛之官軍雖不滿五百之數蓋盡移其家衆則亦不下二千以二千之衆而屯聚於一

城其氣勢亦已漸盛足充守禦遂清理屯田之在
八寨者使之屯種又分撥各賊占據之田使各官
軍得以爲業以稍省俸給月糧之費彼亦無不樂
從且賓州之城既空又可以還聚居民修復有司
之治亦事之兩便者也臣等又看得遷江八所皆
土官指揮千百戶等職舊有狼兵數千以分制八
寨猺賊之穴後因賊勢日盛各官皆不敢復入反
遂與之交通結契及爲之居停指引分其劫掠之
所得共爲地方之害已非一日官府察知其奸欲
加懲究則又倚賊爲重不可根極近臣督兵其地

悉將各官遵照　勑諭事理綁赴軍門議欲斬首示衆以警遠近而各官哀求免死願得殺賊立功自贖然其時賊勢已平遂許其各率土兵入屯八寨就與該衛官軍分工効力助築城垣待城完之日就與城外别築營堡與南丹衛官軍掎角而守亦各分撥賊田使之耕種以資衣糧今八所土兵雖已比舊衰耗然亦尚有四千餘衆若留其微弱者四所於外以分屯其所遺之田而調其強盛者四所於内合南丹一衛之衆以守亦且四千有餘隱然足爲柳慶之間一巨鎮矣此鎮一立則各賊

之脉絡斷咽喉絕自將沮喪震懾其勢莫敢輕動稍有反側者據險出兵而撲之夕發而旦至各賊之交自不能合如取机上之肉下箭無弗得者此真破車輪之軸而諸輻自解伐樹木之本而衆幹自枯不過十年柳慶諸賊不必征剿皆將効順而服化矣伏乞 聖明裁允

一議築思恩府城於荒田臣等看得思恩舊治原在寨城山内尚歷高山數十餘里其後土官岑濬始移出地名橋利就巖險壘石爲城而居四面皆斬山絕壁府治亦在礫确之上芒利硶砑之石衝

射牴觸如處戈矛劍戟之中自岑濬被誅繼是二十餘年反者數起曾不能有一歲之安人皆以爲風氣所使雖未可盡信然頑石之上不生嘉禾而陰崖之下必有狐鼠要亦事理之有然者況其地瘴霧昏塞薄午始開中土之人來居輒生疾疫自春初思田歸附之後臣時即已經營料理其事竟未能有相應之地近因督剿八寨復親往相度乃於未至橋利六十里外地名荒田者其地四野寬衍皆膏腴之田而後山起伏蜿蜒數爲平原環抱涵畜兩水夾繞後山而出合流於前屈曲數十里

入武緣江水達於南寧四面山勢重疊盤廻皆軒豁秀麗眞可以建立府治臣因信宿其地爲之景定方向創設規則諸夷來集莫不踊躍歡喜爭先趍事赴工遂令署府事同知桂鏊督令各役擇日興工葢思恩舊治皆在萬山之中水道不通故各夷所湏魚鹽諸貨類皆遠出展轉糴買往反旬月十不致一常多匱絶舊府旣地險氣惡又無所資食故各夷終歲不一至府治情益疎離易生嫌隙今府治旣通江水商貨自集諸夷所湏皆仰給於府朝夕絡繹自然日加親附歸向而武緣都里舊

嘗割屬思恩者其始多因路險地隔不供糧差今荒田就係武緣止戈鄉一圖二圖之地四望平野坦然大道朝往夕反無復阻隔則該府之官自可因城頭巡檢之制循土俗以順各夷之情又可開圖立里用漢法以治武緣之衆夷夏交和公私兩便則改築思恩府城於荒田者是亦保治安民勢不容已之事伏乞 聖明裁允

一改鳳化縣治於三里臣等勘得思恩舊有鳳化一縣然無城廓縣治廨宇選來知縣等官多借居民村或寄其家眷於賓州諸處而遷徙無常如流

寓者然上司憐其無所依泊則委之管理別印或以公務差遣往來於外以苟歲月故鳳化之在思恩徒寄虛名而實無縣治臣近督勦八寨看得上林縣地名三里者乃在八寨之間其地平廣博衍東西數里外石山周圍如城自後極高石山之間獨抽土山一脉起頓昂伏分爲兩股環抱而前遂有兩水夾流土山之外當心交合出水之口石山十餘重錯互回盤轉折二三十里極外石山合爲城門水從此出是爲外隘其間多良田茂林村落相望前此居民十餘家皆極饒富後爲寨賊所驅

殺占據遂各四散逃亡不敢歸視其土者已二十餘年今各賊既滅遂空其地不及今創設縣治以據其險或有漏殄之賊潛回其間日漸生息結聚後阻石門之險前守外隘之塞不過數年又將漸爲地方之梗矣故臣以爲宜割上林上下無虞鄉三里之地屬之思恩而移設鳳化縣治於其內量爲築立城垣廨宇選委才能之官與督其役遠近聞之不過三四月而逃亡之民將盡來歸各修復其田業供其糧差蔚然遂可以成一方之保障且至南通南丹新衛五六十里南丹在石門之內鳳

化當石門之外内外聲勢連合而石門之險亡西至思恩一百餘里取道於那學沿途村寨荒塞日久自此兩地之人往來絡繹而道路益通又上林舊在大鳴山與八寨各賊之間勢極孤懸今得鳳化爲之唇齒氣勢日盛雖割三里之地以與鳳化而緑茅緑篠等村寨舊所亡失土田皆將以次歸復則亦失之於東而收於西矣及照思恩雖已設立流官知府然其所屬皆土目廵檢而舊屬鳳化一縣亦皆徒寄空名實未嘗有今割武緣止戈一圖二圖之地改築思恩府城而又割上林上下無

虞三里之地改設鳳化縣治固於思恩亦已稍有資輔但自鳳化三里至於思恩一百五六十里中間尚隔上林一縣臣以爲幷割上林一縣而通以屬之思恩似於事勢爲便而於體統尤宜何者柳州一府所屬二州十縣賓州蓋柳州所屬者且有上林遷江兩縣今思恩既設流官知府固亦一府之尊而反不若柳州所屬之一州也其於體統亦有所未稱矣況賓州自有十五里而又有遷江一縣雖割上林以與思恩其地猶倍於思恩未爲遽損也上林之屬賓州與屬思恩均之爲一屬邑亦

未有所加損也然以之屬於思恩則思恩始可以
成一府之規模而其間有無相須緩急相援氣勢
相倚流官之體統益尊則土俗之歸向益謹郡縣
之政化日新則夷民之感發日易固有不可盡言
之益也夫立新縣以扼據地險改屬縣以輔成府
治是皆所以乂安地方者也伏乞　聖明裁允
一添設流官縣治於思龍照得南寧府宣化縣至
於田寧逆流十日之程宣化所屬如思龍十圖等
處相去尚有五日六日其間錯以土夷村寨地既
隔越而窮鄉小民畏見官府故其糧差多在縣之

宿奸老蠹與之包團因而以一科十小民不勝迫
脇往往逃入夷寨土夷又從而侵暴之地日凋殘
盜賊日起近年以來思龍之圖鄉民屢次奏乞添
設縣治以便糧差蓋亦內迫於縣民之奸外苦於
土夷之暴不得已而然臣因入撫田寧親歷其所
民之擁道控告者以千數因停舟其地爲之經理
相度得村名那久者其地亦寬平深厚江水縈迴
環匝傍有一江來會亦正於此合流沿江居民千
餘家竹樹森翳煙火相接且向武各州道路皆經
由其傍亦爲四通之地若於此分割宣化縣思龍

一五六七八九十十二及西鄉之六八圖共十里之地而設立一縣治則非獨以便窮鄉小民之糧差賦役亦足以鎮據要害消沮盜賊其間小民村居如那茄馬坳三顏那排之類未可悉數皆久巳淪入於夷今若縣治一立則此等村寨諸夷自不得而隱占皆將漸次歸復流官而其地遂接比於田寧固可以所設之縣而遂以屬之田寧矣夫南寧一府所屬一州三縣而宣化一縣自有五十二里今雖分割十里之地以與田寧而宣化尚有四十二里一縣之地猶四倍於一府也況田寧又係

新創流官府治所統皆土目廵檢今得此一屬縣爲之傍輔又自不同臣於前割上林以屬思恩之議已畧言之矣且左江一帶自蒼梧以達南寧皆在流官腹裏之地自南寧以達於田寧自田寧以通於雲貴交趾則皆夷村土寨稍有疑傳易成闕隔今田寧思恩二府既皆改設流官與南寧鼎峙而立而又得此新創一縣以蹠附交連於其間平居無事商貨流通厚生利用一旦或有境外之役道路所經皆流官衙門從門庭中度兵更無阻隔之患此亦安民利國之事勢所當爲者也伏乞

聖明裁允仍 定賜縣名選官給印地方幸甚

一增築守鎮城堡於五屯照得斷藤峡諸賊既平守巡各官議調土漢官兵數千於潯州以防不測該臣看得各賊既滅縱有一二漏網其勢非三四年亦未能復聚爲今之計正宜剿撫並行盖破滅窮兇各賊者所以懲惡而撫恤向化諸猺者所以勸善今懲惡之餘即宜急爲勸善之政使軍衛有司各官分投遍歷向化村寨慰勞而存恤之給以告示賜以魚鹽因而爲之選立酋長諭以 朝廷所以征剿各巢者爲其稔惡也今爾等向化村寨

自宜安心樂業益堅爲善之志但有反側悖亂者即宜擒送官府自當重賞以酬爾勞其漏殄諸賊果能誠心悔惡亦皆許其歸附待以良民夫使向化者益勸於爲善而日加親附則惡黨自孤賊勢自散不復能合縱遺一二終將屈而順服矣乃今則不然賊既破剿而猶屯兵不散使漏殄之徒得以藉口搖惑遠近其向化村分又畧不加恤奸惡之民復乘機而驅脅虐害之彼見賊已破滅而復聚兵已心懷驚疑矣而又外惑於賊黨之翕搖內激於奸民之驅脅遂勾結相連而起此近年以來

所以亂始平而變復作皆遷誤於相沿之弊而不察也今各賊新破勢決未敢輕出雖屯數千之衆不過困頓坐食徒織擾民居耗竭糧餉而實無益於事吾民久被賊苦今始一解其倒懸又復自聚無用之兵以重困之此豈計之得者哉惟於各寨之中相其要害之地創立一鎮以控制之此則事理之所當行亦正宜乘此掃蕩之餘而速圖之者其在斷藤牛腸諸處則既切近潯州府衛不必更有所設至於四方各寨遍歷其要害險阻則惟五屯正當風門佛子諸巢穴而西通府江北接荔浦

各處猺賊最爲緊要之區宜設一鎮以控御遠邇而舊巳有千户所統率官兵亦幾及一千之數困於差徭日漸躲避於附近土目村寨官司失於清理止有五百其後上司不問地方之艱難又於五百之中分調哨守於他所而所餘遂不滿二百既而賊亂四起守禦缺乏則又取調潮州之兵數百以來協守五屯章飢紛亂人無所遵兼以統馭非人故地方遂致大壞且其屯堡墻垣亦甚卑隘不足以壯威設險今宜開拓其地增築高城度可以居三千之衆而設守備衙門於其内取回五百之

中分調哨守於他所之兵其自潮州調來協守者則盡數發還原衞以免兩地各兵背離鄉土之苦往復道途之費仍於附近土寨目兵之中清查揀補其原避差役者務足原數一千選委智畧忠勇之官一員重任而專責之使之訓練撫摩敷之以威信而懷之以仁恩務在地險既設而士心益和自然動無不克而行無不利参將兵備各官又不時親至其地經理而振作之或案行其村寨或勸督其農耕或召其頑梗而曲示訓懲或進其善良而優加獎賜或救恤其灾患或聽斷其是非如農

夫之去稂莠而養嘉禾漸次耕耨而耘鋤之無事之時隨意取調附近土官兵款或百人或七八十人以協同哨守爲名使之兩月一更班而絡繹往來於道路以慣習遠近各巢之耳目自後我兵出入自將無所驚疑果有兇梗當事舉動然後密調精悍可用土目一二千名如尋常哨守然以次潛集城中畜力養銳相機而發夫無事而屯數千之兵則一月糧餉費踰千金若每一年無屯軍之費用之以築城設險犒賞兵士招來遠人亦何事不行何工不就此增築城堡以據要害所謂謀成而

敵自敗城完而寇自解險設而賊自摧威震而奸自伏正宜及今爲之而亦事勢之不可已焉者也

伏乞
聖明裁允

陽明先生文録卷之十七

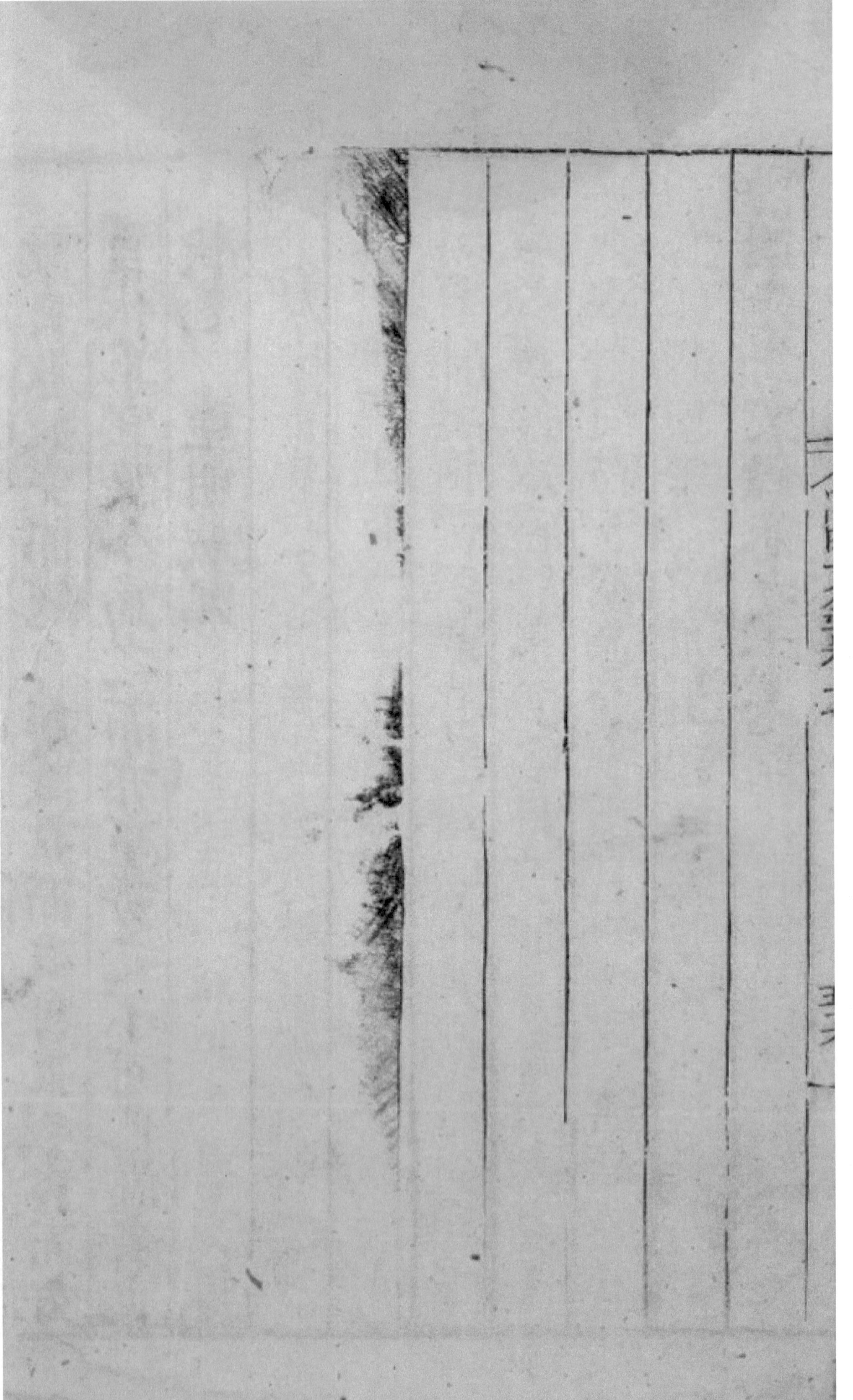

陽明先生文録跋

陽明先生遺集傳于世者有存稿居夷集文録傳習録門人緒山錢子迺併之曰文録復取先生之奏疏公移釐爲別録合刻于吳郡惟傳習録別存焉未幾厄於回祿版遂殘缺嘉靖甲辰慶來守兹郡亟求焉僅得文録版什之二三然魯魚亥豕猶未免也別録蓋蕩無存矣爰重加校葺而補其奏疏二十三篇彙爲文録以傳習録附于卷後別爲語録凡爲卷共二十庶可以見先生之全書云於乎先生之學心學也言語文章先生之應酧也學

固不專在是也然而道德於是乎寓焉至教於是乎昭焉經綸於是乎出焉則亦莫非先生之學也慶嘗三四誦讀則見其隨事發揮直指本體明白簡易人人可知可能實學者入道之門譬則菽粟布帛未有食之弗飽衣之弗煖者矣彼所謂文自文道自道者可同日語耶學者求之吾心而證之以先生之言即先生之言而反觀於吾心其於道也幾矣噫先生有言乃若致知則存乎心悟學者當自得之慶不敏生也晚不獲從先生之門猶幸誦其遺訓愧未之能學也梓成敢僭識于簡末

嘉靖丁未秋九月後學豐城范慶謹識

吳　縣儒學教諭許　贊

長洲縣儒學訓導華　鎰

張良才重校

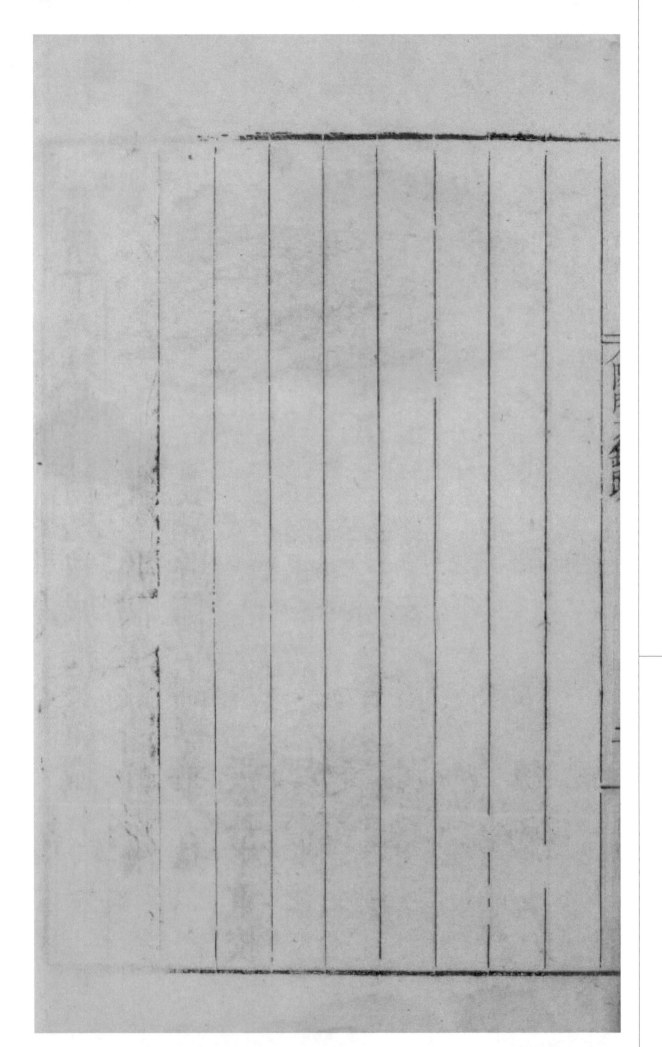

陽明先生語録卷之一

門人徐愛録

愛問在親民朱子謂當作新民後章作新民之文似亦有據先生以爲宜從舊本作親民亦有所據否

先生曰作新民之新是自新之民與在新民之新不同此豈足爲據作字却與親字相對然非新字義下面治國平天下處皆於新字無發明如云君子賢其賢而親其親小人樂其樂而利其利如保赤子民之所好好之民之所惡惡之此之謂民之父母之類皆

是親字意親民猶孟子親親仁民之謂親之即仁之也百姓不親舜使契爲司徒敬敷五教所以親之也堯典克明峻德便是明明德以親九族至平章協和便是親民便是明明德於天下又如孔子言修己以安百姓修己便是明明德安百姓便是親民說親民便兼教養意說新民便覺偏了

愛問知止而后有定朱子以爲事事物物皆有定理似與先生之說相戾

先生曰於事事物物上求至善却是義外也至善是心之本體只是明明德到至精至一處便是然亦未

嘗離却事物本註所謂盡夫天理之極而無一毫人欲之私者得之

愛問至善只求諸心恐於天下事理有不能盡先生曰心即理也天下又有心外之事心外之理乎愛曰如事父之孝事君之忠交友之信治民之仁其間有許多理在恐亦不可不察先生嘆曰此說之蔽久矣豈一語所能悟今姑就所問者言之且如事父不成去父上求箇孝的理事君不成去君上求箇忠的理交友治民不成去友上民上求箇信與仁的理都只在此心心即理也此心無私欲之蔽即是天理

不須外面添一分以此純乎天理之心發之事父便是孝發之事君便是忠發之交友治民便是信與仁只在此心去人欲存天理上用功便是愛曰聞先生如此說愛已覺有省悟處但舊說纏於胸中尚有未脫然者如事父一事其間溫凊定省之類有許多節目不知亦須講求否先生曰如何不講求只是有箇頭腦只是就此心去人欲存天理上講求就如講求冬溫也只是要盡此心之孝恐怕有一毫人欲間雜講求夏凊也只是要盡此心之孝恐怕有一毫人欲間雜只是講求得此心此心若無人欲純是天理是一

箇誠於孝親的心冬時自然思量父母的寒便自要去求箇温的道理夏時自然思量父母的熱便自要去求箇清的道理這都是那誠孝的心發出來的條件却是須有這誠孝的心然後有這條件發出來譬之樹木這誠孝的心便是根許多條件便是枝葉須先有根然後有枝葉不是先尋了枝葉然後去種根禮記言孝子之有深愛者必有和氣有和氣者必有愉色有愉色者必有婉容須是有箇深愛做根便自然如此

鄭朝朔問至善亦湏有從事物上求者

先生曰至善只是此心純乎天理之極便是更於事物上怎生求且試說幾件看朝朔曰且如事親如何而爲溫凊之節如何而爲奉養之宜須求箇是當方是至善所以有學問思辨之功先生曰若只是溫凊之節奉養之宜可一日二日講之而盡用得甚學問思辨惟於溫凊時也只要此心純乎天理之極奉養時也只要此心純乎天理之極此則非有學問思辨之功將不免於毫釐千里之繆所以雖在聖人猶加精一之訓若只是那些儀節求得是當便謂至善即如今扮戲子扮得許多溫凊奉養的儀節是當亦可

謂之至善矣愛於是日又有省

愛因未會先生知行合一之訓與宗賢惟賢往復辨論未能決以問於先生

先生曰試舉看愛曰如今人儘有知得父當孝兄當弟者却不能孝不能弟便是知與行分明是兩件先生曰此已被私欲隔斷不是知行的本體了未有知而不行者知而不行只是未知聖賢教人知行正是要復那本體不是着你只恁的便罷故大學指箇真知行與人看説如好好色如惡惡臭見好色屬知好好色屬行只見那好色時已自好了不是見了後又

立箇心去好聞惡臭屬知惡惡臭屬行只聞那惡臭時已自惡了不是聞了後別立箇心去惡如鼻塞人雖見惡臭在前鼻中不曾聞得便亦不甚惡亦只是不曾知臭就如稱某人知孝某人知弟必是其人已曾行孝行弟方可稱他知孝知弟不成只是曉得説些孝弟的話便可稱爲知孝弟又如知痛必已自痛了方知痛知寒必已自寒了知饑必已自饑了知行如何分得開此便是知行的本體不曾有私意隔斷的聖人教人必要是如此方可謂之知不然只是不曾知此却是何等緊切着實的工夫如今苦苦定要

説知行做兩箇是甚麽意某要説做一箇是甚麽意若不知立言宗旨只管説一箇兩箇亦有甚用愛曰古人説知行做兩箇亦是要人見箇分曉一行做知的工夫一行做行的工夫即工夫始有下落先生曰此却失了古人宗旨也某嘗説知是行的主意行是知的工夫知是行之始行是知之成若會得時只説一箇知已自有行在只説一箇行已自有知在古人所以既説一箇知又説一箇行者只為世間有一種人懵懵懂懂的任意去做全不解思惟省察也只是箇冥行妄作所以必説箇知方才行得是又有一種

人茫茫蕩蕩懸空去思索全不肯着實躬行也只是箇揣摸影響所以必說一箇行方才知得眞此是古人不得已補偏救弊的說話若見得這箇意時即一言而足今人却就將知行分作兩件去做以爲必先知了然後能行我如今且去講習討論做知的工夫待知得眞了方去做行的工夫故遂終身不行亦遂終身不知此不是小病痛其來已非一日矣某今說箇知行合一正是對病的藥又不是某鑿空杜撰知行本體原是如此今若知得宗旨時即說兩箇亦不妨亦只是一箇若不會宗旨便說一箇亦濟得甚事

只是閒說話

愛問昨聞先生止至善之教已覺工夫有用力處

但與朱子格物之訓思之終不能合

先生曰格物是止至善之功既知至善即知格物矣

愛曰昨以先生之教推之格物之說似亦見得大畧但朱子之訓其於書之精一論語之博約孟子之盡心知性皆有所證據以是未能釋然先生曰子夏篤信聖人曾子反求諸已篤信固亦是然不如反求之切今既不得於心安可狃於舊聞不求是當就如朱子亦尊信程子至其不得於心處亦何嘗苟從精一

博約盡心本自與吾說脗合但未之思耳朱子格物之訓未免牽合附會非其本旨精是一之功博是約之功曰仁既明知行合一之說此可一言而喻盡心知性知天是生知安行事存心養性事天是學知利行事殀壽不貳修身以俟是困知勉行事朱子錯訓格物只爲倒看了此意以盡心知性爲物格知至要初學便去做生知安行事如何做得愛問盡心知性何以爲生知安行先生曰性是心之體天是性之原盡心即是盡性惟天下至誠爲能盡其性知天地之化育存心者心有未盡也知天如知州知縣之知是

自己分上事，已與天爲一。事天如子之事父、臣之事君，須是恭敬奉承，然後能無失，尚與天爲二，此便是聖賢之別。至於殀壽不貳其心，乃是教學者一心爲善，不可以窮通殀壽之故，便把爲善的心變動了，只去修身以俟命，見得窮通壽殀有箇命在，我亦不必以此動心。事天雖與天爲二，已自見得箇天在面前；俟命便是未曾見面，在此等候相似，此便是初學立心之始，有箇困勉的意在。今却倒做了，所以使學者無下手處。」愛曰：「昨聞先生之教，亦影影見得工夫須是如此，今聞此說，益無可疑。愛昨晚思格物的物字

即是事字皆從心上說先生曰然身之主宰便是心
心之所發便是意意之本體便是知意之所在便是
物如意在於事親即事親便是一物意在於事君即
事君便是一物意在於仁民愛物即仁民愛物便是
一物意在於視聽言動即視聽言動便是一物所以
某說無心外之理無心外之物中庸言不誠無物大
學明明德之功只是箇誠意誠意之功只是箇格物
先生又曰格物如孟子大人格君心之格是去其心
之不正以全其本體之正但意念所在即要去其不
正以全其正即無時無處不是存天理即是窮理天

理即是明德即是明明德

又曰知是心之本體心自然會知見父自然知孝見兄自然知弟見孺子入井自然知惻隱此便是良知不假外求若良知之發更無私意障礙即所謂充其惻隱之心而仁不可勝用矣然在常人不能無私意障礙所以須用致知格物之功勝私復理即心之良知更無障礙得以充塞流行便是致其知知致則意誠

愛問先生以博文爲約禮工夫深思之未能得畧請開示

先生曰禮字即是理字理之發見可見者謂之文文之隱微不可見者謂之理只是一物約禮只是要此心純是一箇天理要此心純是天理須就理之發見處用功如發見於事親時就在事親上學存此天理發見於事君時就在事君上學存此天理發見於處富貴貧賤時就在處富貴貧賤上學存此天理發見於處患難夷狄時就在處患難夷狄上學存此天理至於作止語默無處不然隨他發見處即就那上面學箇存天理這便是博學之於文便是約禮的工夫博文即是惟精約禮即是惟一

愛問道心常爲一身之主而人心每聽命以先生精一之訓推之此語似有弊

先生曰然心一也未雜於人謂之道心雜以人僞謂之人心人心之得其正者卽道心道心之失其正者卽人心初非有二心也程子謂人心卽人欲道心卽天理語若分析而意實得之今曰道心爲主而人心聽命是二心也天理人欲不並立安有天理爲主人欲又從而聽命者

愛問文中子韓退之

先生曰退之文人之雄耳文中子賢儒也後人徒以

文詞之故推尊退之其實退之去文中子遠甚愛問何以有擬經之失先生曰擬經恐未可盡非且說後世儒者著述之意與擬經如何愛曰世儒著述近名之意不無然期以明道擬經純若爲名先生曰著述以明道亦何所效法曰孔子刪述六經以明道也先生曰然則擬經獨非效法孔子乎愛曰著述即於道有所發明擬經似徒擬其迹恐於道無補先生曰子以明道者使其反朴還淳而見諸行事之實乎抑將美其言詞而徒以譊譊於世也天下之大亂由虛文勝而實行衰也使道明於天下則六經不必述刪述

六經孔子不得已也自伏羲畫卦至於文王周公其間言易如連山歸藏之屬紛紛籍籍不知其幾易道大亂孔子以天下好文之風日甚知其說之將無紀極於是取文王周公之說而贊之以爲惟此爲得其宗於是紛紛之說盡廢而天下之言易者始一書詩禮樂春秋皆然書自典謨以後詩自二南以降如九丘八索一切淫哇逸蕩之詞葢不知其幾千百篇禮樂之名物度數至是亦不可勝窮孔子皆刪削而述正之然後其說始廢如書詩禮樂中孔子何嘗加一語今之禮記諸說皆後儒附會而成已非孔子之舊

至於春秋雖稱孔子作之其實皆魯史舊文所謂筆者筆其舊所謂削者削其繁是有減無增孔子述六經懼繁文之亂天下惟簡之而不得使天下務去其文以求其實非以文教之也春秋以後繁文益盛天下益亂始皇焚書得罪是出於私意又不合焚六經若當時志在明道其諸反經叛理之説悉取而焚之亦正暗合删述之意自秦漢以降文又日盛若欲盡去之斷不能去只宜取法孔子録其近是者而表章之則其諸怪悖之説亦宜漸漸自廢不知文中子當時擬經之意如何某切深有取於其事以為聖人復

起不能易也天下所以不治只因文盛實衰人出已見新奇相高以眩俗取譽徒以亂天下之聰明塗天下之耳目使天下靡然爭務修飾文詞以求知於世而不復知有敦本尚實反朴還淳之行是皆著述者有以啓之愛曰著述亦有不可缺者如春秋一經若無左傳恐亦難曉先生曰春秋必待傳而後明是歇後謎語矣聖人何苦爲此艱深隱晦之詞左傳多是魯史舊文若春秋須此而後明孔子何必削之愛曰伊川亦云傳是案經是斷如書弑某君伐某國若不明其事恐亦難斷先生曰伊川此言恐亦是相沿世

儒之說未得聖人作經之意如書弑君即弑君便是罪何必更問其弑君之詳征伐當自天子出書伐國即伐國便是罪何必更問其伐國之詳聖人述六經只是要正人心只是要存天理去人欲於存天理去人欲之事則嘗言之或因人請問各隨分量而說亦不肯多道恐人專求之言語故曰予欲無言若是一切縱人欲滅天理的事又安肯詳以示人是長亂導奸也故孟子云仲尼之門無道桓文之事者是以後世無傳焉此便是孔門家法世儒只講得一箇霸者的學問所以要知得許多陰謀詭計純是一片功利

的心與聖人作經的意思正相反如何思量得通因嘆曰此非達天德者未易與言此也又曰孔子云吾猶及史之闕文也孟子云盡信書不如無書吾於武成取二三策而已孔子刪書於唐虞夏四五百年間不過數篇豈更無一事而所述止此聖人之意可知矣聖人只是要刪去繁文後儒却只要添上愛曰聖人作經只是要去人欲存天理如五霸以下事聖人不欲詳以示人則誠然矣至如堯舜以前事如何畧不少見先生曰羲黃之世其事闊踈傳之者鮮矣此亦可以想見其時全是淳龐朴素略無文彩的氣象

此便是太古之治非後世可及愛曰如三墳之類亦有傳者孔子何以刪之先生曰縱有傳者亦於世變漸非所宜風氣益開文采日勝至於周末雖欲變以夏商之俗已不可挽況唐虞乎又況羲黃之世乎然其治不同其道則一孔子於堯舜則祖述之於文武則憲章之文武之法即是堯舜之道但因時致治其設施政令已自不同即夏商事業施之於周已有不合故周公思兼三王其有不合仰而思之夜以繼日況太古之治豈復能行斯固聖人之所可畧也又曰專事無爲不能如三王之因時致治而必欲行以太

古之俗即是佛老的學術因時致治不能如三王之一本於道而以功利之心行之即是霸者以下事業後世儒者許多講來講去只是講得箇霸術

又曰唐虞以上之治後世不可復也畧之可也三代以下之治後世不可法也削之可也惟三代之治可行然而世之論三代者不明其本而徒事其末則亦不可復矣

愛曰先儒論六經以春秋爲史史專記事恐與五經事體終或稍異

先生曰以事言謂之史以道言謂之經事即道道即

事春秋亦經五經亦史易是包羲氏之史書是堯舜以下史詩禮樂是三代史其事同其道同安有所謂異

又曰五經亦只是史史以明善惡示訓戒善可爲訓者時存其迹以示法惡可爲戒者存其戒而削其事以杜奸愛曰存其迹以示法亦是存天理之本然削其事以杜奸亦是遏人欲於將萌否先生曰聖人作經固無非是此意然又不必泥着文句愛又問惡可爲戒者存其戒而削其事以杜奸何獨於詩而不删鄭衛先儒謂惡者可以懲創人之逸志然否先生曰

詩非孔門之舊本矣孔子云放鄭聲鄭聲淫又曰惡鄭聲之亂雅樂也鄭衛之音亡國之音也此是孔門家法孔子所定三百篇皆所謂雅樂皆可奏之郊廟奏之鄉黨皆所以宣暢和平涵泳德性移風易俗安得有此是長淫導奸矣此必秦火之後世儒附會以足三百篇之數蓋淫泆之事俗人多所喜傳如今閭巷皆然惡者可以懲創人之逸志是求其說而不得從而爲之辭

愛因舊說汩沒始聞先生之教實是駭愕不定無入頭處其後聞之既久漸知反身實踐然後始信

先生之學爲孔門嫡傳舍是皆傍蹊小徑斷港絶河矣如說格物是誠意的工夫明善是誠身的工夫窮理是盡性的工夫道問學是尊德性的工夫博文是約禮的工夫惟精是惟一的工夫諸如此類始皆落落難合其後思之既久不覺手舞足蹈

陽明先生語錄卷之一

陽明先生語録卷之二

門人陸澄録

先生曰持志如心痛一心在痛上豈有工夫説閑話管閑事

澄問主一之功如讀書則一心在讀書上接客則一心在接客上可以爲主一乎先生曰好色則一心在好色上好貨則一心在好貨上可以爲主一乎是所謂逐物非主一也主一是專主一箇天理

問立志

先生曰只念念要存天理即是立志能不忘乎此久則自然心中凝聚猶道家所謂結聖胎也此天理之念常存馴至於美大聖神亦只從此一念存養擴充去耳

日間工夫覺紛擾則靜坐覺懶看書則且看書是亦因病而藥

處朋友務相下則得益相上則損

問後世著述之多恐亦有亂正學

先生曰人心天理渾然聖賢筆之書如寫真傳神不過示人以形狀大畧使之因此而討求其真耳其精

神意氣言笑動止固有所不能傳也後世著述是又將聖人所畫摹倣謄寫而妄自分析加增以逞其技其失眞愈遠矣

問聖人應變不窮莫亦是預先講求否

先生曰如何講求得許多聖人之心如明鏡只是一箇明則隨感而應無物不照未有已往之形尚在未照之形先具者若後世所講却是如此是以與聖人之學大背周公制禮作樂以文天下皆聖人所能爲堯舜何不盡爲之而待於周公孔子刪述六經以詔萬世亦聖人所能爲周公何不先爲之而有待於孔

子是知聖人遇此時方有此事只怕鏡不明不怕物來不能照講求事變亦是照時事然學者却須先有箇明的工夫學者惟患此心之未能明不患事變之不能盡曰然則所謂冲漠無朕而萬象森然已具者其言何如曰是說本自好只不善看亦便有病痛義理無定在無窮盡吾與子言不可以少有所得而遂謂止此也再言之十年二十年五十年未有止也他曰又曰聖如堯舜然堯舜之上善無盡惡如桀紂然桀紂之下惡無盡使桀紂未死惡寧止此乎使善有盡時文王何以望道而未之見

問靜時亦覺意思好才遇事便不同如何

先生曰是徒知靜養而不用克己工夫也如此臨事便要傾倒人須在事上磨方立得住方能靜亦定動亦定

問上達工夫

先生曰後儒教人纔涉精微便謂上達未當學且說下學是分下學上達爲二也夫目可得見耳可得聞口可得言心可得思者皆下學也目不可得見耳不可得聞口不可得言心不可得思者上達也如木之栽培灌溉是下學也至於日夜之所息條達暢茂乃

是上達人安能預其力哉故凡可用功可告語者皆下學上達只在下學裏凡聖人所說雖及精微俱是下學學者只從下學裏用功自然上達去不必別尋箇上達的工夫

千古聖人只有這些子又曰人生一世惟有這件事

問惟精惟一是如何用功

先生曰惟一是惟精主意惟精是惟一工夫非惟精之外復有惟一也精字從米姑以米譬之要得此米純然潔白便是惟一意然非加舂簸篩揀惟精之功則不能純然潔白也舂簸篩揀是惟精之功然亦不

過要此米到純然潔白而已博學審問愼思明辨篤行者皆所以爲惟精而求惟一也他如博文者即約禮之功格物致知者即誠意之功道問學即尊德性之功明善即誠身之功無二説也

知者行之始行者知之成聖學只一箇工夫知行不可分作兩事

漆雕開曰吾斯之未能信夫子説之子路使子羔爲費宰子曰賊夫人之子曾點言志夫子許之聖人之意可見矣

問寧靜存心時可爲未發之中否

先生曰今人存心只定得氣當其寧靜時亦只是氣寧靜不可以爲未發之中曰未便是中莫亦是求中工夫曰只要去人欲存天理方是工夫靜時念念去人欲存天理動時念念去人欲存天理不管寧靜不寧靜若靠那寧靜不惟漸有喜靜厭動之弊中間許多病痛只是潛伏在終不能絕去遇事依舊滋長以循理爲主何嘗不寧靜以寧靜爲主未必能循理

問孔門言志由求任政事公西赤任禮樂多少實用及曾晳說來却是耍的事聖人却許他是意何如

先生曰三子是有意必有意必便偏着一邊能此未必能彼曾點這意思却無意必便是素其位而行不願乎其外素夷狄行乎夷狄素患難行乎患難無入而不自得矣三子所謂汝器也曾點便有不器意然三子之才各卓然成章非若世之空言無實者故夫子亦皆許之

問知識不長進如何

先生曰爲學須有本原須從本原上用力漸漸盈科而進僊家說嬰兒亦善譬嬰兒在母腹時只是純氣有何知識出胎後方始能啼既而後能笑又既而後

能認識其父母兄弟，又既而後能立、能行、能持、能負，卒乃天下之事無不可能，皆是精氣日足，則筋力日強，聰明日開，不是出胎日便講求推尋得來，故須有箇本原。聖人到位天地、育萬物，也只從喜怒哀樂未發之中上養來。後儒不明格物之説，見聖人無不知、無不能，便欲於初下手時講求得盡，豈有此理？又曰：立志用功，如種樹然。方其根芽，猶未有幹；及其有幹，尚未有枝；枝而後葉，葉而後花實。初種根時，只管栽培灌溉，勿作枝想，勿作葉想，勿作花想，勿作實想。懸想何益？但不忘栽培之功，怕没有枝葉花實？

問看書不能明如何

先生曰此只是在文義上穿求故不明如此又不如爲舊時學問他倒看得多解得去只是他爲學雖極解得明曉亦終身無得須於心體上用功凡明不得行不去便須反在自心上體當即可通蓋四書五經不過說這心體這心體即所謂道心體明即是道明更無二此是爲學頭腦處

虛靈不昧衆理具而萬事出心外無理心外無事

或問晦菴先生曰人之所以爲學者心與理而已此語如何

先生曰心即性性即理下一與字恐未免為二此在學者善觀之

或曰人皆有是心心即理何以有為善有為不善

先生曰惡人之心失其本體

問析之有以極其精而不亂然後合之有以盡其大而無餘此言如何

先生曰恐亦未盡此理豈容分析又何須湊合得聖人說精一自是盡

省察是有事時存養存養是無事省察

澄嘗問象山在人情事變上做工夫之說

先生曰除了人情事變則無事矣喜怒哀樂非人情乎自視聽言動以至富貴貧賤患難死生皆事變也事變亦只在人情裏其要只在致中和致中和只在謹獨

澄問仁義禮智之名因已發而有

先生曰然他日澄曰惻隱羞惡辭讓是非是性之表德邪曰仁義禮智也是表德性一而已自其形體也謂之天主宰也謂之帝流行也謂之命賦於人也謂之性主於身也謂之心心之發也遇父便謂之孝遇君便謂之忠自此以往名至於無窮只一性而已猶

人一而已對父謂之子對子謂之父自此以往至於無窮只一人而已人只要在性上用功看得一性字分明即萬理燦然

一日論爲學工夫

先生曰教人爲學不可執一偏初學時心猿意馬拴縛不定其所思慮多是人欲一邊故且教之靜坐息思慮久之俟其心意稍定只懸空靜守如槁木死灰亦無用須教他省察克治省察克治之功則無時而可間如去盜賊須有箇掃除廓清之意無事時將好色好貨好名等私逐一追究搜尋出來定要拔去病

根永不復起方始爲快常如貓之捕鼠一眼看着一耳聽着纔有一念萌動即與克去斬釘截鐵不可姑容與他方便不可窩藏不可放他出路方是真實用功方能掃除廓清到得無私可克自有端拱時在雖曰何思何慮非初學時事初學必須思省察克治即是思誠只思一箇天理到得天理純全便是何思何慮矣

澄問有人夜怕鬼者柰何

先生曰只是平日不能集義而心有所慊故怕若素行合於神明何怕之有子莘曰正直之鬼不須怕恐

邪鬼不管人善惡，故未免怕。先生曰：豈有邪鬼能迷正人乎？只此一怕，即是心邪，故有迷之者，非鬼迷也，心自迷耳。如人好色，即是色鬼迷；好貨，即是貨鬼迷；怒所不當怒，是怒鬼迷；懼所不當懼，是懼鬼迷也。

定者心之本體，天理也。動靜，所遇之時也。

澄問學庸同異。

先生曰：子思括大學一書之義，爲中庸首章。

問：孔子正名，先儒說上告天子，下告方伯，廢輒立郢，此意如何？

先生曰：恐難如此。豈有一人致敬盡禮待我而爲政

我就先去廢他豈人情天理孔子既肯與輒爲政必
已是他能傾心委國而聽聖人盛德至誠必已感化
衛輒使知無父之不可以爲人必將痛哭奔走往迎
其父父子之愛本於天性輒能悔痛眞切如此蒯聵
豈不感動底豫蒯聵既還輒乃致國請戮聵已見化
於子又有夫子至誠調和其間當亦決不肯受仍以
命輒群臣百姓又必欲得輒爲君輒乃自暴其罪惡
請於天子告於方伯諸侯而必欲致國於父聵與群
臣百姓亦皆表輒悔悟仁孝之美請於天子告於方
伯諸侯必欲得輒而爲之君於是集命於輒使之復

君衛國輒不得已乃如後世上皇故事率群臣百姓尊聵爲太公備物致養而始退復其位焉則君君臣臣父父子子名正言順一舉而可爲政於天下矣孔子正名或是如此

澄在鴻臚寺倉居忽家信至言兒病危澄心甚憂悶不能堪

先生曰此時正宜用功若此時放過閒時講學何用人正要在此等時磨鍊父之愛子自是至情然天理亦自有箇中和處過即是私意人於此處多認做天理當憂則一向憂苦不知已是有所憂患不得其正

大抵七情所感多只是過少不及者才過便非心之本體必須調停適中始得就如父母之喪人子豈不欲一哭便死方快於心然却曰毀不滅性非聖人强制之也天理本體自有分限不可過也人但要識得心體自然增減分毫不得

不可謂未發之中常人俱有蓋體用一源有是體即有是用有未發之中即有發而皆中節之和今人未能有發而皆中節之和須知是他未發之中亦未能全得

易之辭是初九潛龍勿用六字易之象是初畫易之

變是值其晝易之占是用其辭

夜氣是就常人說學者能用功則日間有事無事皆是此氣翕聚發生處聖人則不消說夜氣

澄問操存舍亡章

先生曰出入無時莫知其鄉此雖就常人心說學者亦須是知得心之本體亦元是如此則操存工夫始没病痛不可便謂出爲亡入爲存若論本體元是無出無入的若論出入則其思慮運用是出然主宰常昭昭在此何出之有既無所出何入之有程子所謂腔子亦只是天理而已雖終日應酬而不出天理即

是在腔子裏若出天理斯謂之放斯謂之亡又曰出入亦只是動靜動靜無端豈有鄉邪

王嘉秀問佛以出離生死誘人入道僊以長生久視誘人入道其心亦不是要人做不好究其極至亦是見得聖人上一截然非入道正路如今仕者有由科有由貢有由傳奉一般做到大官畢竟非入仕正路君子不由也仙佛到極處與儒者畧同但有了上一截遺了下一截終不似聖人之全然其上一截同者不可誣也後世儒者又只得聖人下一截分裂失眞流而爲記誦詞章功利訓詁亦

卒不免爲異端是四家者終身勞苦於身心無分毫益視彼仙佛之徒清心寡慾超然於世累之外者反若有所不及矣今學者不必先排仙佛且當篤志爲聖人之學聖人之學明則仙佛自泯不然則此之所學恐彼或有不屑而反欲其俯就不亦難乎鄙見如此先生以爲何如

先生曰所論大略亦是但謂上一截下一截亦是人見偏了如此若論聖人大中至正之道徹上徹下只是一貫更有甚上一截下一截一陰一陽之謂道但仁者見之便謂之仁智者見之便謂之智百姓又日

用而不知故君子之道鮮矣仁智豈可不謂之道但見得偏了便有弊病著固是易龜亦是易

問孔子謂武王未盡善恐亦有不滿意先生曰在武王自合如此曰使文王未没畢竟如何曰文王在時天下三分已有其二若到武王伐商之時文王若在或者不致興兵必然這一分亦來歸了文王只善處紂使不得縱惡而已

問孟子言執中無權猶執一先生曰中只是天理只是易隨時變易如何執得須

是因時制宜難預先定一箇規矩在如後世儒者要將道理一一説得無罅漏立定箇格式此正是執一

唐詡問立志是常存箇善念要爲善去惡否

先生曰善念存時即是天理此念即善更思何善此念非惡更去何惡此念如樹之根芽立志者長立此善念而已從心所欲不踰矩只是志到熟處

精神道德言動大率收斂爲主發散是不得已天地人物皆然

問文中子是如何人

先生曰文中子庶幾具體而微惜其蚤死問如何却

有續經之非曰續經亦未可盡非請問良久曰更覺良工心獨苦

許魯齋謂儒者以治生爲先之說亦誤人

問仙家元氣元神元精

先生曰只是一件流行爲氣凝聚爲精妙用爲神。喜怒哀樂本體自是中和的纔自家着些意思便過不及便是私

問哭則不歌

先生曰聖人心體自然如此

克己須要掃除廓清一毫不存方是有一毫在則衆

惡相引而來

問律呂新書

先生曰學者當務爲急筭得此數熟亦恐未有用必須心中先具禮樂之本方可且如其書說多用管以候氣然至冬至那一刻時管灰之飛或有先後須臾之間焉知那管正值冬至之刻須自心中先曉得冬至之刻始得此便有不通處學者須先從禮樂本原上用功

曰仁云心猶鏡也聖人心如明鏡常人心如昏鏡近世格物之說如以鏡照物照上用功不知鏡尚昏在

何能照先生之格物如磨鏡而使之明磨上用功明了後亦未嘗廢照

問道之精粗

先生曰道無精粗人之所見有精粗如這一間房人初進來只見一箇大規模如此處久便柱壁之類一一看得明白再久如柱上有些文藻細細都看出來然只是一間房

先生曰諸公近見時少疑問何也人不用功莫不自以爲已知爲學只循而行之是矣殊不知私欲日生如地上塵一日不掃便又有一層着實用功便見道

無終窮愈探愈深必使精白無一毫不徹方可

問知至然後可以言誠意今天理人欲知之未盡如何用得克己工夫

先生曰人若真實切己用功不已則於此心天理之精微日見一日私欲之細微亦日見一日若不用克己工夫終日只是説話而已天理終不自見私欲亦終不自見如人走路一般走得一段方認得一段走到歧路處有疑便問問了又走方漸能到得欲到之處今人於已知之天理不肯存已知之人欲不肯去且只管愁不能盡知只管閑講何益之有且待克得

自巳無私可克方愁不能盡知亦未遲在

問道一而巳古人論道往往不同求之亦有要乎

先生曰道無方體不可執着却拘滞於文義上求道遠矣如今人只説天其實何嘗見天謂日月風雷即天不可謂人物草木不是天亦不可道即是天若識得時何莫而非道人但各以其一隅之見認定以爲道止如此所以不同若解向裏尋求見得自巳心體即無時無處不是此道亘古亘今無終無始更有甚同異心即道道即天知心則知道知天又曰諸君要實見此道須從自巳心上體認不假外求始得

問名物度數亦須先講求否

先生曰人只要成就自家心體則用在其中如養得心體果有未發之中自然有發而中節之和自然無施不可苟無是心雖預先講得世上許多名物度數與已原不相干只是裝綴臨時自行不去亦不是將名物度數全然不理只要知所先後則近道又曰人要隨才成就才是其所能爲如夔之樂稷之種是他資性合下便如此成就之者亦只是要他心體純乎天理其運用處皆從天理上發來然後謂之才到得純乎天理處亦能不器使夔稷易藝而爲當亦能之

又曰如素富貴行乎富貴素患難行乎患難皆是不器此惟養得心體正者能之

與其爲數頃無源之塘水不若爲數尺有源之井水生意不窮時先生在塘邊坐傍有井故以之喻學云

問世道曰降太古時氣象如何復見得

先生曰一日便是一元人平旦時起坐未與物接此心清明景象便如在伏羲時遊一般

問心要逐物如何則可

先生曰人君端拱清穆六卿分職天下乃治心統五官亦要如此今眼要視時心便逐在色上耳要聽時

心便逐在聲上如人君要選官時便自去坐在吏部要調軍時便自去坐在兵部如此豈惟失却君體六卿亦皆不得其職

善念發而知之而充之惡念發而知之而遏之知與充與遏者志也天聰明也聖人只有此學者當存此

澄曰好色好利好名等心固是私欲如閒思雜慮如何亦謂之私欲

先生曰畢竟從好色好利好名等根上起自尋其根便見如汝心中決知是無有做刼盜的思慮何也以汝元無是心也汝若於貨色名利等心一切皆如不

做刼盜之心一般都消滅了光光只是心之本體看有甚閒思慮此便是寂然不動便是未發之中便是廓然太公自然感而遂通自然發而中節自然物來順應

問志至氣次

先生曰志之所至氣亦至焉之謂非極至次貳之謂持其志則養氣在其中無暴其氣則亦持其志矣孟子救告子之偏故如此夾持説

問先儒曰聖人之道必降而自卑賢人之言則引而自高如何

先生曰不然如此却是偏也聖人如天無徃而非天三光之上天也九地之下亦天也天何嘗有降而自卑此所謂大而化之也賢人如山嶽守其高而已然百仞者不能引而爲千仞千仞者不能引而爲萬仞是賢人未嘗引而自高也引而自高則僞矣

問伊川謂不當於喜怒哀樂未發之前求中延平却教學者看未發之前氣象何如

先生曰皆是也伊川恐人於未發前討箇中把中做一物看如吾向所謂認氣定時做中故令只於涵養省察上用功延平恐人未便有下手處故令人時時

刻刻求未發前氣象使之正目而視惟此傾耳而聽惟此即是戒慎不睹恐懼不聞的工夫皆古人不得已誘人之言也

澄問喜怒哀樂之中和其全體常人固不能有如一件小事當喜怒者平時無有喜怒之心至其臨時亦能中節亦可謂之中和乎

先生曰在一時一事固亦可謂之中和然未可謂之大本達道人性皆善中和是人人原有的豈可謂無但常人之心既有所昏蔽則其本體雖亦時時發見終是暫明暫滅非其全體大用矣無所不中然後謂

之大本無所不和然後謂之達道惟天下之至誠然後能立天下之大本曰澄於中字之義尚未明曰此須自心體認出來非言語所能喻中只是天理曰何者爲天理曰去得人欲便識天理曰天理何以謂之中曰無所偏倚曰無所偏倚是何等氣象曰如明鏡然全體瑩徹略無纖塵染着曰偏倚是有所染着如着在好色好利好名等項上方見得偏倚若未發時美色名利皆未相着何以便知其有所偏倚曰雖未相著然平日好色好利好名之心原未嘗無既未嘗無即謂之有既謂之有則亦不可謂無偏倚譬之病

瘧之人雖有時不發而病根原不曾除則亦不得謂之無病之人矣須是平日好色好利好名等項一應私心掃除蕩滌無復纖毫留滯而此心全體廓然純是天理方可謂之喜怒哀樂未發之中方是天下之大本

問顏子沒而聖學亡此語不能無疑

先生曰見聖道之全者惟顏子觀喟然一歎可見其謂夫子循循然善誘人博我以文約我以禮是見破後如此說博文約禮如何是善誘人學者須思之道之全體聖人亦難以語人須是學者自修自悟顏子

雖欲從之末由也已即文王望道未見意望道未見乃是真見顏子沒而聖學之正派遂不盡傳矣

問身之主爲心心之靈明是知知之發動是意意之所著爲物是如此否

先生曰亦是

只存得此心常見在便是學過去未來事思之何益徒放心耳

言語無序亦足以見心之不存

尚謙問孟子之不動心與告子異

先生曰告子是硬把捉着此心要他不動孟子却是

集義到自然不動又曰心之本體原自不動心之本體即是性性即是理性元不動理元不動集義是復其心之本體

萬象森然時亦冲漠無眹冲漠無眹即萬象森然冲漠無眹者一之父萬象森然者精之母一中有精精中有一

心外無物如吾心發一念孝親即孝親便是物

先生曰今爲吾所謂格物之學者尚多流於口耳況爲口耳之學者能反於此乎天理人欲其精微必時時用力省察克治方日漸有見如今一說話之間雖

只講天理不知心中倏忽之間已有多少私欲蓋有竊發而不知者雖用力察之尚不易見況徒口講而可得盡知乎今只管講天理來頓放着不循講人欲來頓放着不去豈格物致知之學後世之學其極至只做得箇義襲而取的工夫

問格物

先生曰格者正也正其不正以歸於正也問知止者知至善只在吾心元不在外也而后志定曰然

問格物於動處用功否

先生曰格物無間動靜靜亦物也孟子謂必有事焉

是動靜皆有事

工夫難處全在格物致知上此即誠意之事意既誠大段心亦自正身亦自修但正心修身工夫亦各有用力處修身是巳發邊正心是未發邊心正則中身修則和

自格物致知至平天下只是一箇明明德雖親民亦明德事也明德是此心之德即是仁仁者以天地萬物爲一體使有一物失所便是吾仁有未盡處

只說明明德而不說親民便似老佛

至善者性也性元無一毫之惡故曰至善止之是復

其本然而已

問知至善即吾性吾性具吾心吾心乃至善所止之地則不爲向時之紛然外求而志定矣定則不擾擾而靜靜而不妄動則安安則一心一意只在此處千思萬想務求必得此至善是能慮而得矣如此說是否

先生曰大略亦是

問程子云仁者以天地萬物爲一體何墨氏兼愛反不得謂之仁

先生曰此亦甚難言須是諸君自體認出來始得仁

是造化生生不息之理雖彌漫周遍無處不是然其流行發生亦只有箇漸所以生生不息如冬至一陽生必自一陽生而後漸漸至於六陽若無一陽之生豈有六陽陰亦然惟其漸所以便有箇發端處惟其有箇發端處所以生惟其生所以不息譬之木其始抽芽便是木之生意發端處抽芽然後發幹發幹然後生枝生葉然後是生生不息若無芽何以有幹有枝葉能抽芽必是下面有箇根在有根方生無根便死無根何從抽芽父子兄弟之愛便是人心生意發端處如木之抽芽自此而仁民而愛物便是發幹生

枝生葉墨氏兼愛無差等將自家父子兄弟與途人一般看便是没了發端處不抽芽便知得他無根便不是生生不息安得謂之仁孝弟爲仁之本却是仁理從裏面發生出來

問延平云當理而無私心當理與無私心如何分別

先生曰心即理也無私心即是當理未當理便是私心若析心與理言之恐亦未善又問釋氏於世間一切情欲之私都不染着似無私心但外棄人倫却似未當理曰亦只是一統事都只是成就他一箇私已

的心

陽明先生語録卷之二

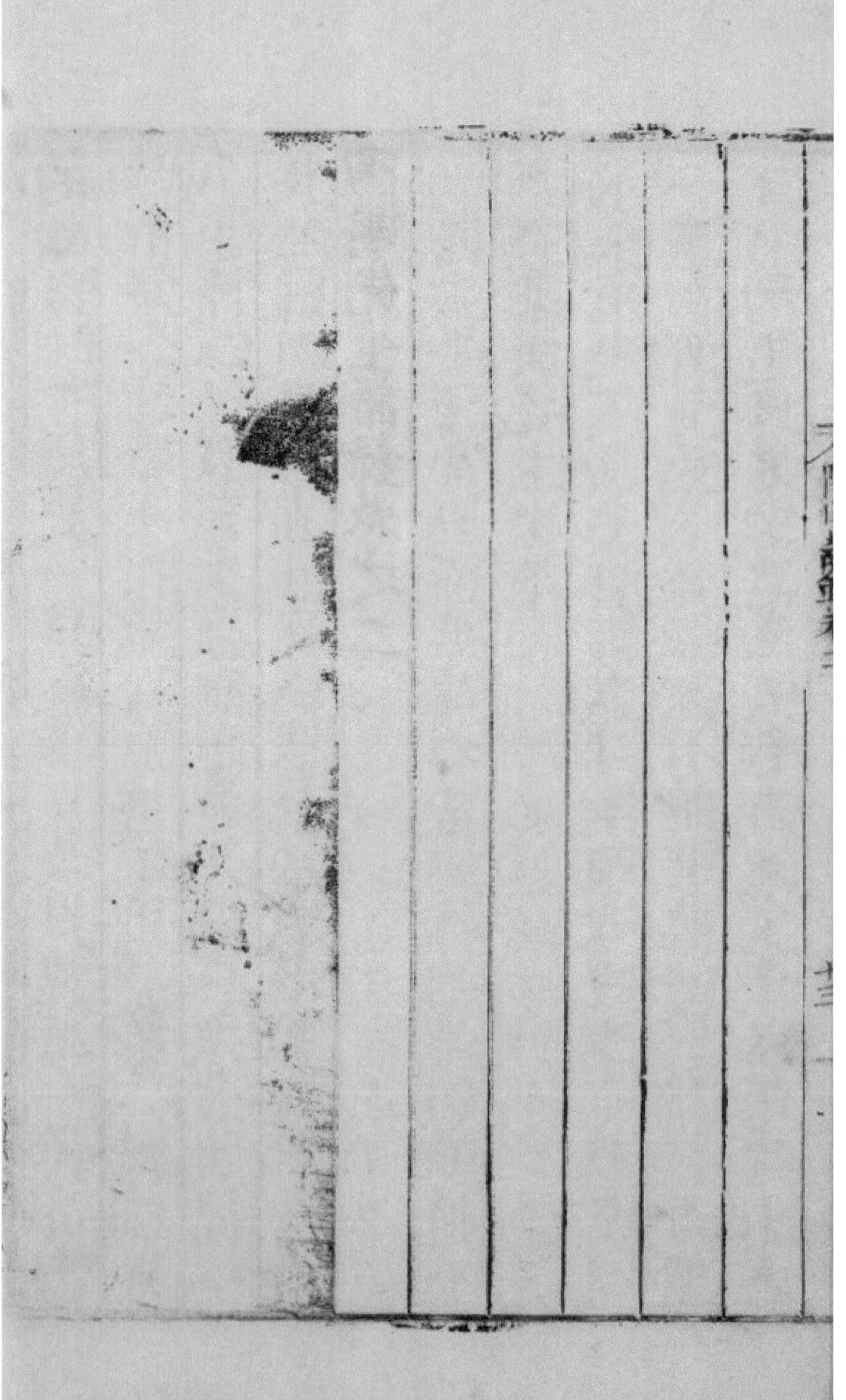

陽明先生語録卷之三

門人薛侃録

侃問專涵養而不務講求將認欲作理則如之何先生曰人須是知學講求亦只是涵養不講求只是涵養之志不切曰何謂知學曰且道爲何而學學箇甚曰嘗聞先生教學是學存天理心之本體即是天理體認天理只要自心地無私意曰如此則只須克去私意便是又愁甚理欲不明曰正恐這些私意認不真曰總是志未切志切目視耳聽皆在此安有認不真的道理是非之心人皆有之不假外求講求亦

只是體當自心所見不成去心外別有箇見

先生問在坐之友比來工夫何似一友舉虛明意思先生曰此是説光景一友叙今昔異同先生曰此是説效驗二友惘然請是先生曰吾輩今日用功只是要爲善之心真切這箇心真切見善即遷有過即改方是真切工夫如此則人欲日消天理日明若只管求光景説效驗却是助長外馳病痛不是工夫

朋友觀書多有摘議晦菴者

先生曰是有心求異即不是吾説與晦菴時有不同者爲入門下手處有毫釐千里之分不得不辯後吾

之心與晦菴之心未嘗異也若其餘文義解得明當處如何動得一字

希淵問聖人可學而至然伯夷伊尹於孔子才力終不同其同謂之聖者安在

先生曰聖人之所以爲聖只是其心純乎天理而無人欲之雜猶精金之所以爲精但以其成色足而無銅鉛之雜也人到純乎天理方是聖金到足色方是精然聖人之才力亦有大小不同猶金之分兩有輕重堯舜猶萬鎰文王孔子猶九千鎰禹湯武王猶七八千鎰伯夷伊尹猶四五千鎰才力不同而純乎天

理則同皆可謂之聖人猶分兩雖不同而足色則同皆可謂之精金以五千鎰者而入於萬鎰之中其足色同也以夷尹而廁之堯孔之間其純乎天理同也蓋所以爲精金者在足色而不在分兩所以爲聖者在純乎天理而不在才力也故雖凡人而肯爲學使此心純乎天理則亦可爲聖人猶一兩之金比之萬鎰分兩雖懸絶而其到足色處可以無愧故曰人皆可以爲堯舜者以此學者學聖人不過是去人欲而存天理耳猶鍊金而求其足色金之成色所爭不多則煅鍊之工省而功易成成色愈下則煅鍊愈難人

之氣質清濁粹駁有中人以上中人以下其於道有生知安行學知利行其下者必須人一己百人十己千及其成功則一後世不知作聖之本是純乎天理却專去知識才能上求聖人以爲聖人無所不知無所不能我須是將聖人許多知識才能逐一理會始得故不務去天理上着工夫徒弊精竭力從册子上鑽研名物上考索形迹上比擬知識愈廣而人欲愈滋才力愈多而天理愈蔽正如見人有萬鎰精金不務煅煉成色求無愧於彼之精純而乃妄希分兩務同彼之萬鎰錫鉛銅鐵雜然而投分兩愈增而成色

愈下既其稍末無復有金矣時曰仁在傍曰先生此喻足以破世儒支離之惑大有功於後學先生又曰吾輩用功只求日減不求日增減得一分人欲便是復得一分天理何等輕快脫灑何等簡易

士德問曰格物之說如先生所教明白簡易人人見得文公聰明絕世於此反有未審何也

先生曰文公精神氣魄大是他早年合下便要繼往開來故一向只就考索著述上用功若先切己自修自然不暇及此到得德盛後果憂道之不明如孔子退脩六籍刪繁就簡開示來學亦大段不費甚考索

文公早歲便著許多書晚年方晦是倒做了士德曰晚年之悔如謂向來定本之悞又謂雖讀得書何益於吾事又謂此與守書籍泥言語全無交涉是他到此方悔從前用功之錯方去切己自修矣曰然此是文公不可及處他力量大一悔便轉可惜不久即去世平日許多錯處皆不及改正

侃去花間草因曰天地間何善難培惡難去先生曰未培未去耳少間曰此等看善惡皆從軀殼起念便會錯侃未達曰天地生意花草一般何曾有善惡之分子欲觀花則以花爲善以草爲惡如欲用

草時復以草爲善矣此等善惡皆由汝心好惡所生故知是錯曰然則無善無惡乎曰無善無惡者理之静有善有惡者氣之動不動於氣即無善無惡是謂至善曰佛氏亦無善無惡何以異曰佛氏着在無善無惡上便一切都不管不可以治天下聖人無善無惡只是無有作好無有作惡不動於氣然遵王之道會其有極便自一循天理便有箇裁成輔相曰草既非惡即草不宜去矣曰如此却是佛老意見草若有礙何妨汝去曰如此又是作好作惡曰不作好惡非是全無好惡却是無知覺的人謂之不作者只是好

惡一循於理不去又着一分意思如此即是不曾好惡一般曰去草如何是一循於理不着意思曰草有妨碍理亦宜去去之而已偶未即去亦不累心若着了一分意思即心體便有貽累便有許多動氣處曰然則善惡全不在物曰只在汝心循理便是善動氣便是惡曰畢竟物無善惡曰在心如此在物亦然世儒惟不知此舍心逐物將格物之學錯看了終日馳求於外只做得箇義襲而取終身行不著習不察曰如好好色如惡惡臭則如何曰此正是一循於理是天理合如此本無私意作好作惡曰如好好色如惡

惡臭安得非意曰却是誠意不是私意誠意只是循天理雖是循天理亦著不得一分意故有所忿懥好樂則不得其正須是廓然大公方是心之本體知此即知未發之中伯生曰先生云草有妨碍理亦宜去緣何又是軀殼起念曰此須汝心自體當汝要去草是甚麼心周茂叔窻前草不除是甚麼心

先生謂學者曰為學須得箇頭腦工夫方有着落縱未能無間如舟之有舵一提便醒不然雖從事於學只做箇義襲而取只是行不着習不察非大本達道也又曰見得時橫說竪說皆是若於此處通彼處不

通只是未見得

或問爲學以親故不免業舉之累

先生曰以親之故而業舉爲累於學則治田以養其親者亦有累於學乎先正云惟患奪志但恐爲學之志不眞切耳

崇一問尋常意思多忙有事固忙無事亦忙何也

先生曰天地氣機元無一息之停然有箇主宰故不先不後不急不緩雖千變萬化而主宰常定人得此而生若主宰定時與天運一般不息雖酬酢萬變常是從容自在所謂天君泰然百體從令若無主宰便

只是這氣奔放如何不忭

先生曰爲學大病在好名侃曰從前歲自謂此病已輕比來精察乃知全未豈必務外爲人只聞譽而喜聞毁而悶即是此病發來曰最是名與實對務實之心重一分則務名之心輕一分全是務實之心即全無務名之心若務實之心如饑之求食渴之求飲安得更有工夫好名又曰疾没世而名不稱稱字去聲讀亦聲聞過情君子耻之之意實不稱名生猶可補没則無及矣四十五十而無聞是不聞道非無聲聞也孔子云是聞也非達也安肯以此望人

係多悔

先生曰悔悟是去病之藥然以改之爲貴若留滯於中則又因藥發病

德章曰聞先生以精金喻聖以分兩喻聖人之分量以鍛鍊喻學者之工夫最爲深切惟謂堯舜爲萬鎰孔子爲九千鎰疑未安

先生曰此又是軀殼上起念故替聖人爭分兩若不從軀殼上起念即堯舜萬鎰不爲多孔子九千鎰不爲少堯舜萬鎰只是孔子的孔子九千鎰只是堯舜的原無彼我所以謂之聖只論精一不論多寡只要

此心純乎天理處同便同謂之聖若是力量氣魄如何盡同得後儒只在分兩上較量所以流入功利若除去了比較分兩的心各人儘着自已力量精神只在此心純天理上用功即人人自有箇箇圓成便能大以成大小以成小不假外慕無不具足此便是實實落落明善誠身的事後儒不明聖學不知就自已心地良知良能上體認擴充却去求知其所不知求能其所不能一味只是希高慕大不知自已是桀紂心地動輒要做堯舜事業如何做得終年碌碌至於老死竟不知成就了箇甚麼可哀也已

侃問先儒以心之靜爲體心之動爲用如何

先生曰心不可以動靜爲體用動靜時也即體而言用在體即用而言體在用是謂體用一源若説靜可以見其體動可以見其用却不妨

問上智下愚如何不可移

先生曰不是不可移只是不肯移

問子夏門人問交章

先生曰子夏是言小子之交子張是言成人之交若善用之亦俱是

子仁問學而時習之不亦説乎先儒以學爲效先

覺之所爲如何

先生曰學是學去人欲存天理從事於去人欲存天理則自正諸先覺考諸古訓自下許多問辨思索存省克治工夫然不過欲去此心之人欲存吾心之天理耳若曰效先覺之所爲則只說得學中一件事亦似專求諸外了時習者坐如尸非專習坐也坐時習此心也立如齋非專習立也立時習此心也說是理義之說我心之說人心本自說理義如目本說色耳本說聲惟爲人欲所蔽所累始有不說今人欲日去則理義日洽浹安得不說

國英問：曾子三省雖切，恐是未聞一貫時工夫。

先生曰：一貫是夫子見曾子未得用功之要，故告之。學者果能忠恕上用功，豈不是一貫？一如樹之根本，貫如樹之枝葉，未種根，何枝葉之可得？體用一源，體未立，用安從生？謂曾子於其用處蓋已隨事精察而力行之，但未知其體之一，此恐未盡。

黃誠甫問女與回也孰愈章。

先生曰：子貢多學而識，在聞見上用功；顏子在心地上用功。故聖人問以啓之，而子貢所對又只在知見上，故聖人嘆惜之，非許之也。

顏子不遷怒不貳過亦是有未發之中始能種樹者必培其根種德者必養其心欲樹之長必於始生時刪其繁枝欲德之盛必於始學時去夫外好如外好詩文則精神日漸漏泄在詩文上去凡百外好皆然又曰我此論學是無中生有的工夫諸公須要信得及只是立志學者一念爲善之志如樹之種但勿助勿忘只管培植將去自然日夜滋長生氣日完枝葉日茂樹初生時便抽繁枝亦須刊落然後根幹能大初學時亦然故立志貴專一

因論先生之門某人在涵養上用功某人在識見

上用工

先生曰專涵養者日見其不足專識見者日見其有餘日不足者日有餘矣日有餘者日不足矣

梁日孚問居敬窮理是兩事先生以爲一事何如先生曰天地間只有此一事安有兩事若論萬殊禮儀三百威儀三千又何止兩公且道居敬是如何窮理是如何曰居敬是存養工夫窮理是窮事物之理曰存養箇甚曰是存養此心之天理曰如此亦只是窮理矣曰且道如何窮事物之理曰如事親便要窮孝之理事君便要窮忠之理曰忠與孝之理在君親

身上在自己心上若在自己心上亦只是窮此心之理矣且道如何是敬曰只是主一如何是主一曰如讀書便一心在讀書上接事便一心在接事上曰如此則飲酒便一心在飲酒上好色便一心在好色上却是逐物成甚居敬工夫曰孚請問曰一者天理主一是一心在天理上若只知主一不知一即是理有事時便是逐物無事時便是着空惟其有事無事一心皆在天理上用功所以居敬亦即是窮理就窮理專一處説便謂之居敬就居敬精密處説便謂之窮理却不是居敬了别有箇心窮理窮理時别有箇心

居敬名雖不同工夫只是一事就如易言敬以直内義以方外敬即是無事時義義即是有事時敬兩句合說一件如孔子言修已以敬即不須言義孟子言集義即不須言敬會得時橫說豎說工夫總是一般若泥文逐句不識本領即支離決裂工夫都無下落

問窮理何以即是盡性曰心之體性也性即理也窮仁之理直要仁極仁窮義之理直要義極義仁義只是吾性故窮理即是盡性如孟子說充其惻隱之心至仁不可勝用這便是窮理工夫日孚曰先儒謂一草一木亦皆有理不可不察如何先生曰夫我則不

暇公且先去理會自己性情須能盡人之性然後能盡物之性日孚悚然有悟

惟乾問知如何是心之本體

先生曰知是理之靈處就其主宰處說便謂之心就其稟賦處說便謂之性孩提之童無不知愛其親無不知敬其兄只是這箇靈能不爲私欲遮隔充拓得盡便完完是他本體便與天地合德自聖人以下不能無蔽故須格物以致其知

守衡問大學工夫只是誠意誠意工夫只是格物修齊治平只誠意盡矣又有正心之功有所忿懥

好樂則不得其正何也

先生曰此要自思得之知此則知未發之中矣守衡再三請曰爲學工夫有淺深初時若不着實用意去好善惡惡如何能爲善去惡這着實用意便是誠意然不知心之本體原無一物一向着意去好善惡惡便又多了這分意思便不是廓然太公書所謂無有作好作惡方是本體所以説有所忿懥好樂則不得其正正心只是誠意工夫裏面體當自家心體常要鑑空衡平這便是未發之中

正之問戒懼是巳所不知時工夫愼獨是巳所獨

知時工夫此說如何

先生曰只是一箇工夫無事時固是獨知有事時亦是獨知人若不知於此獨知之地用力只在人所共知處用功便是作僞便是見君子而後厭然此獨知處便是誠的萌芽此處不論善念惡念更無虛假一是百是一錯百錯正是王霸義利誠僞善惡界頭於此一立立定便是端本澄源便是立誠古人許多誠身的工夫精神命脈全體只在此處眞是莫見莫顯無時無處無終無始只是此箇工夫今若又分戒懼爲己所不知即工夫便支離便有間斷既戒懼即是

知已若不知是誰戒懼如此見解便要流入斷滅禪定曰不論善念惡念更無虛假則獨知之地更無無念時邪曰戒懼亦是念戒懼之念無時可息若戒懼之心稍有不存不是昏聵便已流入惡念自朝至暮自少至老若要無念即是已不知此除是昏睡除是槁木死灰

志道問荀子云養心莫善於誠先儒非之何也

先生曰此亦未可便以爲非誠字有以工夫說者誠是心之本體求復其本體便是思誠的工夫明道說以誠敬存之亦是此意大學欲正其心先誠其意荀

子之言固多病，然不可一例吹毛求疵。大凡看人言語，若先有箇意見，便有過當處。爲富不仁之言，孟子有取於陽虎，此便見聖賢大公之心。

蕭惠問：己私難克，柰何？

先生曰：將汝己私來替汝克。

先生曰：人須有爲己之心，方能克己；能克己，方能成己。蕭惠曰：惠亦頗有爲己之心，不知緣何不能克己？

先生曰：且說汝有爲己之心是如何？惠良久曰：惠亦一心要做好人，便自謂頗有爲己之心。今思之，看來亦只是爲得箇軀殼的己，不曾爲箇真己。先生曰：真

已何曾離着軀殼恐汝連那軀殼的已也不曾爲且
道汝所謂軀殼的已豈不是耳目口鼻四肢惠曰正
是爲此目便要色耳便要聲口便要味四肢便要逸
樂所以不能克先生曰美色令人目盲美聲令人耳
聾美味令人口爽馳騁田獵令人發狂這都是害汝
耳目口鼻四肢的豈得是爲汝耳目口鼻四肢若爲
着耳目口鼻四肢時便須思量耳如何聽目如何視
口如何言四肢如何動必須非禮勿視聽言動方才
成得箇耳目口鼻四肢這箇才是爲着耳目口鼻四
肢汝今終日向外馳求爲名爲利這都是爲着軀殼

外面的物事汝若爲着耳目口鼻四肢要非禮勿視聽言動時豈是汝之耳目口鼻四肢自能勿視聽言動須由汝心這視聽言動皆是汝心汝心之視發竅於目汝心之聽發竅於耳汝心之言發竅於口汝心之動發竅於四肢若無汝心便無耳目口鼻所謂汝心亦不專是那一團血肉若是那一團血肉如今已死的人那一團血肉還在緣何不能視聽言動所謂汝心却是那能視聽言動的這箇便是性便是天理有這箇性才能生這性之生理便謂之仁這性之生理發在目便會視發在耳便會聽發在口便會言發

在四肢便會動都只是那天理發生以其主宰一身故謂之心這心之本體原只是箇天理原無非禮這箇便是汝之真己這箇真己是軀殼的主宰若無真己便無軀殼真是有之即生無之即死汝若真爲那箇軀殼的己必須用着這箇真己便須常常保守着這箇真己的本體戒慎不覩恐懼不聞惟恐虧損了他一些才有一毫非禮萌動便如刀割如針刺忍耐不過必須去了刀拔了針這才是有爲己之心方能克己汝今正是認賊作子緣何却説有爲己之心不能克己

有一學者病目戚戚甚憂

先生曰爾乃貴目賤心

蕭惠好仙釋

先生警之曰吾亦自幼篤志二氏自謂既有所得謂儒者爲不足學其後居夷三載見得聖人之學若是其簡易廣大始自嘆悔錯用了三十年氣力大抵二氏之學其妙與聖人只有毫釐之間汝今所學乃其土苴輒自信自好若此眞鴟鴞竊腐鼠耳惠請問二氏之妙先生曰向汝説聖人之學簡易廣大汝却不問我悟的只問我悔的惠慚謝請問聖人之學先生

曰汝今只是了人事問待汝辦箇眞要求爲聖人的心來與汝說惠再三請先生曰巳與汝一句道盡汝尚自不會

劉觀時問未發之中是如何

先生曰汝但戒慎不覩恐懼不聞養得此心純是天理便自然見觀時請畧示氣象先生曰啞子喫苦瓜與你說不得你要知此苦還須你自喫時曰仁在傍曰如此才是眞知即是行矣一時在座諸友皆有省

蕭惠問死生之道

先生曰知晝夜即知死生問晝夜之道曰知晝則知

夜曰晝亦有所不知乎先生曰汝能知晝懵懵而興蠢蠢而食行不著習不察終日昏昏只是夢晝惟息有養瞬有存此心惺惺明明天理無一息間斷才是能知晝這便是天德便是通乎晝夜之道而知更有甚麼死生

馬子莘問修道之教舊說謂聖人品節吾性之固有以爲法於天下若禮樂刑政之屬此意如何

先生曰道即性即命本是完完全全增減不得不假修飾的何須要聖人品節却是不完全的物件禮樂刑政是治天下之法固亦可謂之教但不是子思本

旨若如先儒之說下面由教入道的緣何舍了聖人禮樂刑政之教別說出一段戒慎恐懼工夫却是聖人之教爲虛設矣子莘請問先生曰子思性道教皆從本原上說天命於人則命便謂之性率性而行則性便謂之道修道而學則道便謂之教率性是誠者事所謂自誠明謂之性也修道是誠之者事所謂自明誠謂之教也聖人率性而行即是道聖人以下未能率性於道未免有過不及故須修道修道則賢知者不得而過愚不肖者不得而不及都要循着這箇道則道便是箇教此教字與天道至教風雨霜露無

非教也之教同修道字與修道以仁同人能修道然後能不違於道以復其性之本體則是亦聖人率性之道矣下面戒慎恐懼便是修道的工夫中和便是復其性之本體如易所謂窮理盡性以至於命中和位育便是盡性至命

黃誠甫問先儒以孔子告顏子爲邦之問是立萬世常行之道如何

先生曰顏子具體聖人其於爲邦的大本大原都已完備夫子平日知之已深到此都不必言只就制度文爲上説此等處亦不可忽略須要是如此方盡善

又不可因自巳本領是當了便於防範上疎闊須是要放鄭聲遠佞人蓋顔子是箇克巳向裏德上用心的人孔子恐其外面末節或有疎略故就他不足處幫補說若在他人須告以爲政在人取人以身修身以道修道以仁達道九經及誠身許多工夫方始做得這箇方是萬世常行之道不然只去行了夏時乘了殷輅服了周冕作了韶舞天下便治得後人但見顔子是孔門第一人又問箇爲邦便把做天大事看了

蔡希淵問文公大學新本先格致而後誠意工夫

似與首章次第相合若如先生從舊本之說即誠意反在格致之前於此尚未釋然

先生曰大學工夫即是明明德明明德只是箇誠意誠意的工夫只是格物致知若以誠意爲主去用格物致知的工夫即工夫始有下落即爲善去惡無非是誠意的事如新本先去窮格事物之理即茫茫蕩蕩都無着落處須用添箇敬字方才牽扯得向身心上來然終是沒根源若須用添箇敬字緣何孔子倒將一箇最緊要的字落了直待千餘年後要人來補出正謂以誠意爲主即不須添敬字所以提出箇誠

意來說正是學問的大頭腦處於此不察眞所謂毫釐之差千里之繆大抵中庸工夫只是誠身誠身之極便是至誠大學工夫只是誠意誠意之極便是至善工夫總是一般今說這裏補箇敬字那裏補箇誠字未免畫蛇添足

孟源有自是好名之病先生屢責之一日警責方已一友自陳日來工夫請正源從傍曰此方是尋着源舊時家當

先生曰爾病又發源色變議擬欲有所辯先生曰爾病又發因喻之曰此是汝一生大病根譬如方丈地

内種此一大樹雨露之滋土脉之力只滋養得這箇大根四傍縱要種些嘉穀上面被此樹葉遮覆下面被此樹根盤結如何生長得成須用伐去此樹纖根勿留方可種植嘉種不然任汝耕耘培擁只是滋養得此根

陽明先生語録卷之三